多様な自分を生きる働き方

COLLABO WORKS

誰にでもできる複業のカタチ

中村龍太

エッセンシャル出版社

はじめに

この本は、コラボワークスの中村龍太から見える「複業の景色」について書いたものだ。その龍太は、２０１３年10月より複業を始めた。外資系のマイクロソフトを退職し、一部上場のサイボウズと中小企業のダンクソフトに同時転職をした。なぜ、２つの会社に転職したかというと、当時、子どもが学生で教育費が必要だったから……。戦略的ではなく、成り行きの複業だ。現在は、ＩＴ会社のサイボウズ、農業生産法人のＮＫアグリと、個人事業としてのコラボワークスに所属する社員だ。サイボウズは週４日、ＮＫアグリは週１日、コラボワークスは、２社の隙間の時間を縫うように仕事をしている。

転職前を思い出すと、当時は「複業」という言葉すらも念頭になく、マイクロソフトで過ごしていた時間は「専業」一筋！　で、ものすごく忙しかったし、辛かった。しかし、最新のマネジメントやテクノロジーなどの学びがある場所であったし、成果に対するお金の宝箱だった。その2つが、自分の仕事におけるモチベーションの根源だったことを思い出す。二社同時に転職した時には、もう学ぶものはないだろう、今まで貯めた知識を放電することでお金を稼ごうと思っていたくらいである。しかし、新しい環境は、そうはさせてくれなかった。当時、一部上場企業における正社員での兼業・副業は、ほとんど事例がなく、珍しいものであった。

お金が足りない問題でなんとなく始めた複業であったのだが、2014年8月、組織人の新しい働き方、暮らし方を紹介するWebマガジン「My Desk and Team」のやつづかえりさんから、「2つの会社に所属する『複業』という働き方」というテーマで取材を受けた。龍太にとって初めてのインタビューだった。そこで顕在化されたのは、世にも珍しい「引き裂かれない複業」だった。普通、複業は、まったく別々の仕事を行う。例えば、営業を昼間にしながら、夜にFXでお金儲けをするといった「引き裂かれる複業」だ。龍太は、サイボウズでkintone

という製品の新しい用途開発をしながら、ダンクソフトでは、kintoneの営業を行う、面白い組み合わせで複業をしていたのだ。

「なぜ、この会社でこのような働き方ができるのだろう?」「なぜ、龍太は自然と引き裂かれない複業を実践して、できるのだろう」と問いかけている自分がいた。これぞ、マイクロソフト時代にはなかった、自分自身で探求をしている「思考の投資」だった。

それから、ありがたいことにメディアからのインタビューが何度も訪れた。日本経済新聞に始まり、NHK、民法からも。そして、駄目押しが人生において想定していなかった総理官邸での、総理との「働き方改革に関する意見交換会」。どうやら龍太は、働き方の最先端を走っていて、社会における「人体実験」を自ら実践しているのだと捉えるのが良さそうだと気づいた。

であるなら、龍太自身の振る舞い方の事実を伝えるだけではなく、この働き方を他の人たちにも伝えたい自分がいた。「なぜ、複業を始めているのか」「なぜ、共感されるのか」「個人からみた（複業の）視点や、産業や会社からみた視点、時間軸でみた視点」など、実験してきた自分の経験を抽象化して、伝えたい自分がいた。

そこで、試したのが、仕事旅行社の「一人1つの会社だと誰が決めた！マルチワークから考える自分らしい生き方入門！」という仕事散歩（講座）だ。毎回6名以下の少人数で、龍太のやってきたことと様々な視点での学びを共有する時間を提供している。ゼロからプラスにしたい意識高い系の人から、マイナスをゼロにする閉塞感系の人まで、さまざまな人が参加する。レクチャーと対話が終わると「龍太さんだからできているることよね」ではなく、「安心した！」「腑に落ちた」という微笑みながら、参加者たちは感想を述べてくれる。

皆さまに、そんな人体実験とその学びをこの本で共有したい。

もくじ

第5章　複業実践者に聞く、いまむかし［事例紹介］　161

序章

止められない産業構造と価値

ある時、仕事旅行社の龍太の講座に参加した30代後半の男性が言った。

「製造業の会社で働いていますが、仕事ができて当たり前、感謝の言葉はない上に、間違えると怒られる。仕事にモヤモヤして参加した」と。

まるで、昭和の時代の会社かと思っていたら、同じ講座の違う回でこの話をすると「そう！そう！」と参加者の女性がうなずく。どうやら、特別なことではなさそうだ。なぜ、そういうことが起きているんだろう？　その理由は、そもそも産業構造にありそうだ。

井関利明・山田眞次郎が書いた本で、『思考　日本企業再生のためのビジネス認識論』（2013年、学研パブリッシング）によると、日本にはビジネス・パラダイムが3つあると言われている（図）。第一のカーブが1950年代に始まり、高度成長期に引っ張ってきた近代社会の物語だ。白物家電と言われているような製品やテレビ、自動車が普及した時代である。

また、この第一のカーブ「造って、売る」という産業の物語は、設樂剛事務所の設樂さんに

図：ビジネス・パラダイムの3つのカーブ

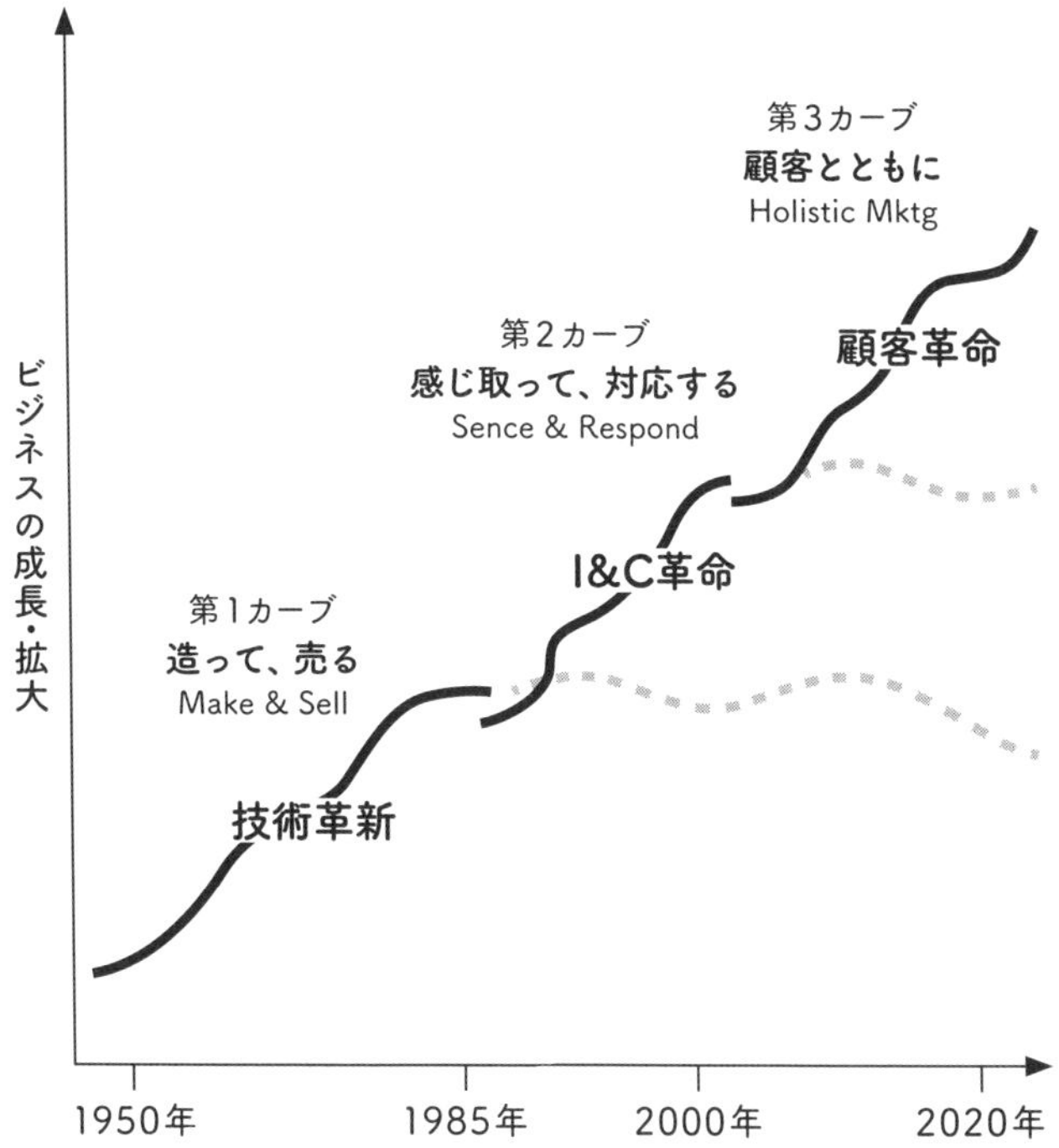

出典：『思考 日本企業再生のためのビジネス認識論』

よると次にように説明されている。※

❶相対的に閉鎖的な集団・組織が自己維持を目的として
❷組織上層部の戦略と指令によって
❸達成目標と計画と資源配分が明瞭に示され
❹専門分化した職能集団が、指示された役割だけを演じ
❺予定期日内に計画通りの結果を得る
❻そこでは、生産性と効率性がつねに追求され
❼**金銭的成果が評価の基準となる**

これらは、まさに、明治から始まった産業革命当時の物語の集大成だ。機械という専門化したタスクを企業全体の組織に当てはめ、人の組織までも機械のように機能で定義した専門化組織。そこに期待される成果は定義され、できて当たり前、できなかったら罰を受けるという性格の組織だ。

こういった組織の中では、先ほどの男性社員のように感謝もなく、時間が過ぎていく。もう一人の女性は、経理部門だったらしく、まさに、そこで行われる財務の仕事は間違えることを

許さず、淡々と作業をしていくモヤモヤに包まれていた。何が自分でできて何ができないかの整理ができないまま、お給料だけは支払われる。そんな産業だ。

ここで言いたいのは、この産業が良い悪いではなく、社会にとって必要な産業だということ。そこで作られる製品は「社会にあること」が前提で、息をするための空気のように、淡々と社会で消費される。昔はともかく今となっては、感謝はあまり意識されず、無いと文句が出る性質の製品だ。こういった成熟した産業で働いている人は、第一のカーブにおける産業の物語の環境を認識し、「ありがとう」という感謝がないものと受け止める必要がある。

この説明を前述した男性にする。そして、彼が口を開く。「今、あるボランティア活動に参加しています、お金をもらっていませんが、これは複業でしょうか？」と。「なぜ、ボランティアに参加しているんですか？」と質問すると、「そこに参加しているとありがとうと言われ、感謝されるんです」と。

「ボランティア活動を通して『感謝』という対価をもらっている、立派な複業です」と龍太が答えると、彼は「ありがとうございます。ボランティアが腹落ちしました！」と笑顔を見せた。

※…「未来構想プログラム２０１６」一話完結編 ビジネスの大転換、設楽剛事務所講義資料（２０１６年12月14日）による。

〈お金と感謝を別々にもらう生き方をデザインする〉

仕事とは本来、感謝、ありがとうの延長線にあるものだが、産業としての工業が成熟していくことで、社会的に、企業の組織も細分化され、仕事と感謝は別々のものになっていることを事実として認識しないといけない。それでも、生きなければいけない人間は、どうしないといけないのだろうか？

それは、「お金をもらう組織と感謝をもらう組織を別々にもつ」という彼のような生き方をデザインすることである。すでに、今日、成熟した産業に所属している企業や事業部は、お金と感謝を一緒にもらえないと考えるほうがよい。であるならば、お金をもらう組織を第一のカーブにおける産業の物語とすると、感謝をもらいやすい産業の物語とはどんなものだろうか。

同じく設樂剛事務所の設樂さんの資料から第三のカーブ「顧客とともに」ある物語を引用しよう。

❶外部からやってきた者が刺激となり、発端となって、
❷あらかじめ定められた目標も計画も明瞭でないまま、
❸さまざまな立場の者がお互いに協力して、

❹単なる部分の総和を超えた、予想以上の結果を生み出す
❺あるいは異なった諸要素の相互作用から、予期せぬ結果が生まれるスパイラルなプロセス
❻そこでは、共同学習と共進化が進み、
❼貨幣額成果以外の多様な評価基準と動機づけも考慮される

この物語は、産業の始まり、市（イチ）、市場（マーケット）を形成する様子をイメージして捉えるとわかりやすい。そこでは、多くのお店が立ち並び、人があふれ、目新しい物が売り買いされ、周りには道化師などのエンターテイメントを振る舞う人や食や旅籠も。様々な人種が入り乱れ、そこに来た人は、それぞれの関心で楽しんでいるような産業だ！

こういった産業は、現代であればネットのブログやフェイスブックのグループ上に存在している。リアルであれば、人口減少の地方でちらほら見かける。そこには、お金という価値よりも他の価値、例えば、「ありがとう」のような感謝の価値に共感し人が集まっている。

この点で、お金を前提にした第一のカーブの産業と、第三のカーブは一線を画すものと解釈できる。この2つのカーブの物語を認識した上で、例えば、今、自分がこなしているタスクが第一のカーブのタスクなのか、第三のカーブのタスクをしているのかを認識するだけで、前者は感謝が当たり前の仕事、後者は感謝がもらえる仕事であることが把握でき、ものすごくスッキリする。これを意識的にデザインする考えが龍太が提唱する〝複業〟だ。

複業のもたらす新しい〝生態系〟

10年前には、ほとんど「複業」という漢字は使われなかった。「副業」と「複業」は何が違うのだろうか？

そもそも、副業とは、フリー百科事典のウィキペディア（Wikipedia）によると、「副業（ふくぎょう…Side business）は、収入を得るために携わる本業以外の仕事を指す。兼業、サイドビジネス、ダブルワーク（Double work）ともよばれる」とある。目的は、副次的な収入を得るための仕事だ。仕事の対象は、収入を得られる業務である。一方、複業の位置付けは、副業は「＝サブ」、主に対して副であるが、複業は、複線の複で表されているように「パラレル・マルチ」、すべて並列という考えに基づく。

では、複業の目的についてはどうだろうか？ 龍太の人体実験から言えることは、複業の目的は、**お金**だけでなく**スキル**、もしくは**つながり**を得るためでいい。仕事の対象は、お金だけでなく、スキルや、つながりを得る活動でよいのだ。すなわち、家事・育児、介護、ボランティア活動など、すべての価値創造活動が対象であると考える。会社ではお金をもらい、ボランティアコミュニティでは感謝を得て、またそれを触媒にして、つながりを得ているならば、それは立派な複業と言える。

〈「複業」は特別なことではない〉

こうして考えてみると複業は、もしかして特別なことではなく、みんながやっていることかもしれない。例えば、よくある、仕事をしながら二児の育児をしているベテランのママさんだ。会社の中で第一子を子育てしている別のママから「最近うちの息子の食欲がないのよ」と相談を受ける。ベテランのママさんが、今までの子育ての経験を元にアドバイスをする。貯金していた育児スキルという自分の経験を提供し、信頼というつながりを得ているので、これも立派な複業だ。

一方で、自分には、お金・スキル・つながりという3つの貯金がほとんどないのに、それらを、ほとんど使わずに3つのどれかを得るという複業もありえる。このケースは、仕事や活動が「好きだから、楽しいから」というモチベーションから生じることが多い。例えば、龍太の例で1つ紹介すると、パエリア料理の作り方を教える仕事がこれにあたる。龍太に料理人の経験・スキルがあったわけでもなく、パエリアが死ぬほど好きだというわけでもない。ただ、ただ、パエリア料理を作るために集まった人たちと、調理が終わった頃に多彩なつながりができる場に関心を持っていただけだった。

そういう観察、経験を深掘りしてみると、人間は、好きの前に、そもそも外から、もしかして内からも認知が難しい、様々なことに関心を持つ生物であると感じる。それは、小説家の平野啓一郎氏が、提唱し、龍太がとても共感している「分人」にも通じている。

平野氏は、『私とは何か「個人」から「分人」へ』（2012年、講談社）の中で、次のように分人を定義している。

一人の人間は、「分けられないindividual」存在ではなく、複数に「分けられるdividual」存在である。だからこそ、たった1つの「本当の自分」、首尾一貫した、「ブレない」本来の自己などというものは存在しない。

人は、たくさんの関心や喜びと、人と人との相互関係の掛け算によって、一人の人間が様々な違う振る舞いをする生物だ。龍太は、中学生の頃、父親にどんな文脈で言われたかは忘れてしまったが「お前は、多重人格者だな」と言われたことがある。当時は、ネガティブな言葉として受け取ってしまい、「1つの人格にどうすればなれるんだ！」と、自分を責めて辛かったことを思い出す。でも、今は違う。**「分人」である多重人格者が本来の自分だ！**

〈理想は「分人」同士の複業から織りなす、生態系的社会〉

みんながみんな「分人」であるとするなら、専業で働いている、また、単一の場で生きている人間はとても窮屈だ。様々なキャラクターをもった人々が、**様々な場でコラボレーションすることで生み出させる多彩な仕事や多様な価値。**それは、まさに、自然界に存在する生態系のようだ。分人である自分というピースには、たくさんの関心の出っ張りがあり、自分に関心がない凹みがあっていい。それらのピースが他の分人とパッ、パッ、パッと組み合わさって、信頼を確かめながら複業すればいい。さらには、分人であっても、ライフステージや環境によっては、専業という選択肢もありだ。この世界観は、1つの小さなコミュニティから大きな組織、そして古い産業や新しい産業まで、**「分人」同士の複業から織りなす生態系的社会。それが龍太の理想の複業だ。**

第1章
幸せな〝複業〟に必要な、3つの資本・資産を理解する

複業元年を迎えた2018年以降、副業を解禁する企業が増えはじめた。人生100年時代に備えて副業に関心を持つ人も多い。龍太が薦めるのは、人的資本（スキル）と社会資本（つながり）、金融資産（お金）という3つの資本・資産で考える複業だ。誰もが実現できる、幸せな〝複業〟に向けて、まずはこの3つを理解しよう。

◇◇◇◇◇◇◇

龍太がオススメする「複業」とは

龍太が、複業に追い求めているものは、「安心感」「貢献感」「幸福感」の3つだ。

1つめの「安心感」とは、現在と、そして、未来も安心に暮らせることだ。そのためにすがりたいのが、やはり、お金。2019年には、金融庁から報告があった「老後に2000万円足りない問題」や、経産省から指摘された「2900万円足りない問題」がニュースで話題になった。

年金で、死ぬまで、生きることはできるかもしれないが、安心して楽しく過ごしながら生きるためには、過剰には必要ないかもしれないが、お金はないよりあった方がいい。お金は、単に貯金するだけでなく様々な資産を生み出すための運用の元本である。そのための収入としても複業は機能できる。

〈副業の流れは今後ますます拡大する〉

さて、安心感に繋がる収入を得られる複業。企業や社会は、副業をどう捉えて変わってきたのだろうか。中小企業庁委託事業 平成26年度（2014年度）兼業・副業に係る取組み実態調査事業 報告書（訂正版）によると、企業が推進してないが副業容認が14．7％とある……。さっぱりだ。ちなみに、この統計で示していた頃にすでに副業解禁した企業は、「専業禁止」というキャッチフレーズで有名になったエンファクトリー。まず同社が2011年に解禁。龍太が働いている一部上場のサイボウズは2012年に解禁。つづいて、2013年創業のメルカリは、設立時から解禁だった。そして、この統計が出た2014年以降、政府や大企業が、副業解禁サイドに動き出す。それを少し解説しよう。

2016年、老舗のロート製薬が製造業の副業解禁で話題になる。2017年には、1万7000人の社員を抱えるソフトバンクが解禁。2018年1月には、厚生労働省労働基準局監督課より、モデル就業規則を「労働者は、勤務時間外に置いて、他の会社等の業務に従事することができる」と改変される。これを受け、2018年は複業元年と言われる。同年1月にはコニカミノルタが、4月には金融業として新生銀行が副業を解禁した。

2017年2月14日発表のリクルートキャリア「兼業・副業に対する企業の意識調査」では、副業の推進・容認の割合が28．8％となる。日本の停滞した社会に比べると大きな変化だ。今の生活の糧、老後のための資産形成としてお金を稼ぐ、**安心のための選択肢としての複業は、今後も増えるだろう。**

２つ目の複業に追い求めているもの。それは「貢献感」。**貢献感とは、アドラー心理学の定義では、自分軸で考える貢献としており、他人軸で考える貢献は貢献感とは言わない。**例えば、人の役に立とうと頑張る、または、人の期待に応えたりすることではない。自分軸で考える貢献とは、「貢献しなければいけない」ということからの解放だ。つまり、自分が貢献していると感じていれば良いのだ。

例えば、A君が会社で上司から一週間後までの仕事を依頼されたとする。しかし、A君は期日までにできなかった。上司は、A君に任せていた仕事の一部を他のメンバーに分担し直す。A君は「他の人に迷惑をかけてしまった！」と貢献感を感じられない。誰でも経験する劣等感。この時にも、貢献感を感じることが、実はできるのだ。

それは、発想の転換だ！　A君が「残った自分の仕事を、自分のできる能力で少しでも良いからやる」と気持ちを切り替えることができたなら、仕事量が「少し」であっても、チームの役に立っていると感じることができる。これが、自分軸の「貢献感」だ。

自分軸の貢献感を、感じる機会を増やす手段として複業が機能すると、龍太は自分の人体実験（一般的な科学的な調査ではなく、「龍太自らが実験して知見を得ること」を指す）から考えている。例をあげると、ドローンの撮影がそうだ。ドローンがまだ世の中で認知されていなかった２０１５年春、龍太はドローンを１台購入した。ドローンで自宅の近くにあるマイクロソフトの農業クラブの畑で、農作業に来たメンバーやその家族を撮影。メンバーはドローンに向かって笑顔で手を振る。子どもがニコニコしながら集まり、操縦しているスマホの画面を覗きこむ。さらに、撮影した鳥の目線が広がる映像を編集してメンバーやその家族にプレゼント。そして、ありがとうの言葉。

自分の行為が役に立ったんだなと自分で感じられるときが、複業で求めているものを得た瞬間だ。それ以来、例えば、初めていく地方の出張などでは、ドローン持参で旅立つ。鳥の目だから伝えられる地方のステキな田舎の風景。その記録とSNSでのシェアが貢献感をもたらしてくれている。

3つ目は「幸福感」だ。**幸福とは、心が満ち足りていること、幸せとも言う。**最近の幸福の話題では、慶應義塾大学大学院システムデザイン・マネジメント研究科の前野隆司教授の「幸せの4つの因子」が有名だ。

改めて、「幸せの4つの因子」をご紹介すると、第1因子は「やってみよう因子」。複業は、専業と違い、複数で並行してできる仕事だからこそ、いろんなことを気軽に試せる。専業でありがちな、仕方なくやらされている感覚ではなく、自分が気になっている関心ごとをきっかけに、小さくやってみる、同時に2つやってみる。どれも複業で得られそうな幸せのための「やってみよう因子」だ。

第2因子は「ありがとう因子」。繋がりと感謝に基づく因子とも言われている。この因子は、前述の「貢献感」と一部、重なる。複業は繋がりと感謝の機会を増やす。そもそも、人間という生物は、他の動物にも言えるかもしれないが、ある人とは馬が合うが、ある人とは馬が合わない、ということがよく起きる。これは、自然なことだ。会社の中でも、人事ローテーションにより、ある時は上司とうまくいくが、ある時は上司と噛み合わないという対人関係の問題はよくある話だ。専業環境で、上司と噛み合わない時期は、龍太が過ごした昭和の時代では「我慢の期間」と言われていた。ありがとうや信頼関係がない代わりに「給料がその我慢料だ」と聞かされたものだ。複業により、上司と噛み合わない状況は変わらないが、複業の他の仕事による良好な繋がりで「ありがとう因子」を得ることにより、幸福感を取り戻す効果があることは間違いない。

第3因子は「なんとかなる因子」だ。簡単にいうと、楽観的になることだ。専業でありがちなのは、ほかに選択肢がないゆえに、「この仕事に失敗すると他に逃げ道がない」という感覚に陥る状況だ。すなわち、うまくいかない時に悲観的になりやすい。会社員をしている人は、少なからず経験をしているかもしれない。一方、複業の道を選ぶと「こっちがダメなら、あっちでなんとかしよう」というように、失敗ができるリスク分散の環境ができるのだ。「なんとかなる因子」がうまく機能していく。

最後に、第4因子である「ありのままに因子」。この因子は、人の目をあまり気にしすぎない因子とも言われている。一般的な専業会社員は、地位にこだわり、上を目指す傾向がある。そのために、常に周りを気にする。龍太の経験からもそれが言える。龍太の父親は、昭和1桁生まれの会社員。その父の背中を見て育った。特に小学校時代、関連会社ではあるが社長になって、黒塗りの車で送り迎え……。生き生きしているその父親を見て育った龍太には、会社に入ると昇進し出世することが大切なんだという価値観が自然に刷り込まれた。ところが、龍太は、マイクロソフト時代に、その価値観で苦しむ経験をする。部長職から担当への異動だ。あいつは昇進して、なぜ自分が降格なのか、周りの目を気にする龍太がいた。そのとき、仲の良い会社の同僚が偶然にも「マネジャーには、興味がない」と言い切り、部長職を断っている姿を見たとき、管理職になるだけが、会社員の生き方ではないんだと気がつく。自分が自分らしく働くことの大切さを学んだ。ただし、専業会社員であると、自分が望んでいない地位に就き、良くも悪くも、そのような地位での振る舞いを演じなければいけないこともあろう。その時に、自分らしく働ける場所としての複業は、幸福感のための「ありのままに因子」を得る選択肢の1つになる。

龍太の人生を振り返ってみると、今、相対的に幸せな気持ちでいられる自分がいる。**複業という考えや手段がもたらす「幸せ」は、今の時代、未来において悪くはない。むしろお勧めだ。**

3つの資本・資産で考える複業

複業は、副業と違っていろんな始め方がある。複業は、お金だけではなく「安心感」「貢献感」「幸福感」を得るための働き方だからだ。この3つを得る「複業」を始めるために、元手にすべき資本・資産がある。それは、**人的資本（スキル）**、**社会資本（つながり）**、**金融資産（お金）**の3つだ（図1-1）。

〈人的資本と社会資本〉

まず、**人的資本**と**社会資本**について説明したい。働く（＝複業する）ことは、**人的資本**と**社会資本**を使って、新たな**人的資本**と**社会資本**を再生産しているにすぎないということだ。これは、何も特別なことではない。小さ

図1-1：安心・貢献・幸福に必要な資本・資産

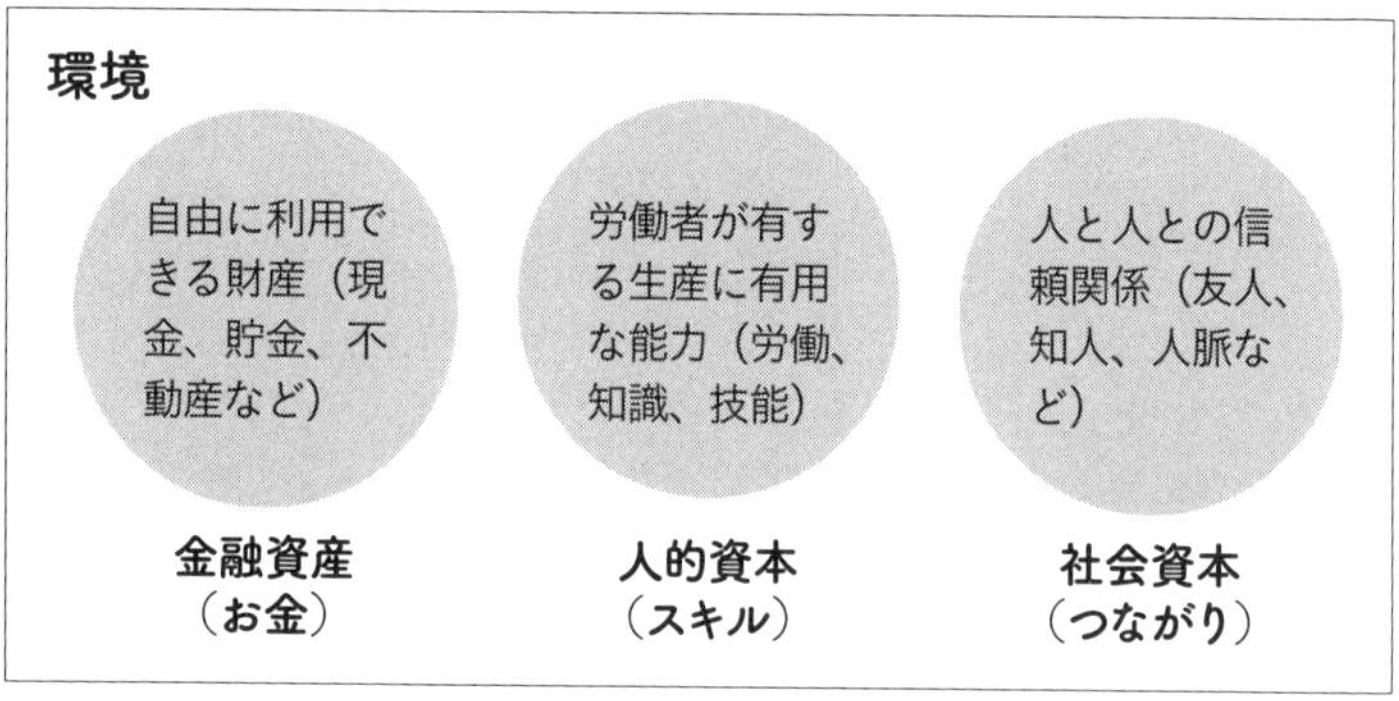

いときから身近な場面で、すでに誰もが経験している循環サイクルである。例えば龍太の場合、いま思えば、龍太は3歳のときにすでこのサイクルを回していた。

龍太には妹がいる。母はその頃、生まれたばかりの妹を乳母車に乗せ、3歳の龍太の手を引いて、近くの商店街によく買い物に行ったものだ。3歳の龍太は、妹の乳母車を母に代わり押してあげていた。押した理由は、おそらく「押したかった」という単純な理由からだったと思う。当時は、龍太より乳母車のほうが大きく、前が見えない状態にも関わらず、母は押すことを許してくれた。案の定、まっすぐに押せない。時々、母が軌道修正する。何の役にも立っていないようだ。しかし、家に帰ると母からは「ありがとう」と言われ、うれしかったことを思い出す。まさに、龍太が初めて「貢献感」を感じた瞬間だ！

3歳の龍太が乳母車押しをできたのは、それを押すだけの「体力」があったからだ。しかし、体力だけで乳母車を押す手助けはできない。乳母車の押し方というノウハウも使っていた。龍太は、毎日、買い物に行く時に、母が乳母車を押す姿を見ていた。ハンドルに手をかけ、まっすぐ押すと進むという光景を見て、乳母車を扱うには、下についている車輪を回すのではなく、また、前に出て引っ張る訳でもなく、ハンドルを押すというを「知識」を持っていた。

これらの、乳母車を押す体力や必要な知識は、資本論でいうと**人的資本**[※2]にあたる。いま思えば、わずか3歳児の龍太は人的資本を使って複業を始めていたのだ。しかし、人的資本だけあれば龍太の乳母車押しは成立したのだろうか。なぜ、龍太が乳母車を押すことに母は許したのだろうか。もし、他人の乳母車押しを手伝いたいと言ったとき、それはできたのだろうか？
龍太のことを何も知らない親は怖くて、我が子の乳母車押しを龍太には任せないだろう。龍太と母との良い関係性が、乳母車押しを成立させていたのだ。龍太が乳母車を押しても大丈夫、また、少々失敗しても押させてあげたい思いは、両者間の信頼によって成立していた。

この信頼のことを社会学的には**社会資本**[※3]という。龍太と母との関係性は、人生の最初に育まれる小さな社会資本だと言える。龍太の乳母車押しという「貢献感」を得るために使っていたものは、**人的資本**と**社会資本**だった。

その後、龍太の乳母車押しは、押すたびに母から「ありがとう」と言われたので、龍太は調子に乗って押すことを何度も選んだ。何度も経験を積むことにより、乳母車をまっすぐ動かすために必要な、左右の手や足の力のバランスをとることを自然と覚えた。つまり、能力がアップしたのだ。また、押し方がうまくなれば母の緊張感が少なくなる。その結果、母と龍太の信頼が増すことにつながった。つまり、2つの資本を元に、新たな人的資本と社会資本を手に入れるという循環を生み出していた。

龍太の乳母車押しを例に挙げたが、**働く（＝複業する）ことは、2つの人的資本と社会資本を使って、新たな人的資本と社会資本を再生産しているにすぎないのだ。**

〈人的資本と社会資本を使った複業は簡単に始められる〉

その原理に基づくとすると、複業の一歩は、自分の持っている**人的資本**と**社会資本**で、何か人にできることから始めるのが良いだろう。こう考えると、誰もが複業をできそうに感じないだろうか。今までよりも肩の力を入れなくても良さそうだ。

例えば、家族の一員として、ゴミ出しをすることはシンプルな労働力の提供だ。ゴミ出しから得られるものが、家族から感謝されるものであれば、家族間の関係性が良い状態になることを意味する。これはつまり、家族における**社会資本**が大きくなることを意味する。また、何度もゴミ出しをした結果、簡単に早く綺麗にできるノウハウを試行錯誤し身につけたとしよう。近所の人に対して教えることができるゴミ出しノウハウを蓄えられたとしたならば、それは、まさしく再生産された知識であり**人的資本**となる。こう考えると、複業を始めるのは難しくない。思ったよりも簡単に、得るものがありそうだ。

※2…人的資本とは、小学館デジタル大辞泉によると、「労働者が身につけた知識・技能・能力などを資本とみなしていう語。教育・訓練・経験によって個人に蓄積され、労働生産性の向上や賃金の上昇などに影響を与える。ヒューマン・キャピタル」ともいう。

※3…社会資本とは、Wikipediaによると、社会学における社会資本は「社会的ネットワークにおける人間関係のことを指す。社会の信頼関係、ネットワークといった人間の協調行動が活発化し、社会の効率性が高まることで人々がもつ信頼関係や人間関係をあらわしている」。

〈金融資産〉

働くために必要な3つ目の資本・資産は**金融資産**だ。龍太は小学校6年の時に初めて**人的資本**と**社会資本**を元に労働を提供して「お金」という対価を得る経験をする。

小学6年生になった龍太は父親の転勤で北九州市にいた。父親が中古タイヤを製造する工場に勤めていたので、学校の休みには、時々父親と一緒にその工場へ行ったことを覚えている。ある時、父は工場の敷地にある広い芝生を指差して「草をとってくれたら、お小遣いをあげる」と言った。龍太は草抜きだったらできそうだと思い、広い芝生の隅から、丁寧に草を取り出した。何時間やったかは覚えていないが、結構な面積の草を必死にとった記憶がある。

そのお駄賃として、父から約束どおり千円札1枚をもらった。当時、駄菓子屋さんで、買う単価は10円~30円。千円は大金だった！

金融資産は、便利なもので「金融資産」をお金として取り崩し、知識や労働を簡単に手に入れることができる。お金は、自分が直接できないことを助けてくれる「安心感」を得る玉手箱だ。複業する目的として、一般的に多くの人が目指しているのが、金融資産を得るための行為だ。なぜ人は「金融資産」に目が行くのだろうか？

金融資産に注目が集まるのは、現代において、生きるために必要な衣食住は、自分自身で生産行為をしていないことがほとんどだからだろう。多くの人がお金を媒介に、衣食住に必要なものを交換している。また、生活だけでなく、自分のやりたいことを達成するために使われるもの、将来の不安をなくすためのものも金融資産であると、人々は認識しているからだ。

3つの資本・資産と人物像の8タイプ

今までの話から、どうやら、**3つの資本・資産を元手に3つの資本・資産を再生産することが、生きていくために必要**ということが見えてきた。3つの資本・資産は生きていくための燃料のようなものだ。

今一度、3つの資本・資産の整理をすると、**人的資本**とは、労働者が有する生産に有用な能力（労働、知識、技能）などの「スキル」を指す。**社会資本**とは、人と人との信頼関係（友人、知人、人脈など）の「つながり」だ。**金融資産**とは、自由に利用できる財産（現金、貯金、不動産など）の「お金」を指す。世の人々がどんな3つの資本・資産をお持ちなのかとても興味深い。

実は、この資本をすでにうまく説明している人がいる。『幸福の「資本」論――あなたの未来を決める「3つの資本」と「8つの人生パターン』』（2017年、ダイヤモンド社）を書いた橘玲氏である。複業の話をする前に橘玲氏の主張を引用して、3つの資本・資産の状態とその人物像の8つのタイプを説明することにする（表1-1）。

まず、1つ目のタイプは「貧困」だ。3つの資本・資産がほぼない状態の人物。その日暮らしの収入があり、稼ぐ能力も最低レベルで、お友達もいない孤独な人。2つ目のタイプは「プア充」という人物。社会資本だけあって、金融資産と人的資本はほぼない人を指す。プア充の典型は、地方在住の若者であるマイルドヤンキーだ。収入はその日暮しのためのもの、貯金はないが、友達だけはたくさんいる。

3つ目のタイプは「リア充」。社会資本と人的資本があり、金融資産がない人。収入を得られるすべは持っているが、友達と一緒に遊びに行ったり趣味に使いすぎたりして貯金はない人物像だ。4つ目のタイプは「超充」。社会資本、人的資本、金融資産をすべて持っている人が羨む人物像。フルに持ち合わせている人は、世の中には少ないかもしれない。

5つ目のタイプは「お金持ち」。人的資本と金融資産を持って社会資本を持っていない人。お金持ちの孤独説があるように、社会的に成功するとお金や権力を目当てに集まってくることから、面倒な人間関係を切り捨てる人物。橘氏によると、投資家やトレーダーが該当するという。6つ目のタイプは「旦那」。社会資本と金融資産を持ちながら、人的資本がない人。働か

表1-1：人物像の8タイプ

タイプ	持っている資本・資産	説明
貧困	なし	スキル・収入が少なく、友達もいない孤独な人
プア充	社会資本	マイルドヤンキー
リア充	社会資本、人的資本	収入を得られるスキルはあるが、友人との遊びや趣味にお金を使いすぎて、貯金のない人
超充	社会資本、人的資本、金融資産	人もうらやむ3つの資産持ち。少数
お金持ち	人的資本、金融資産	投資家やデイトレーダー。スキルとお金はあるが、面倒な人間関係を切り捨てる
旦那	社会資本、金融資本	働かなくても財産があり、それを気前よくバラまいている人気者
退職者	金融資産	独身の退職者
ソロ充	人的資本	結婚に興味がなく稼いだお金は、自分の趣味に投じる若者、駆け出しの自営業者

なくても財産を持っていて、それを気前よくバラまいて人気者になるタイプ。

7つ目のタイプは「退職者」。金融資産だけを持っていて、社会資本も人的資本もない人。典型的なのは独身の退職者が挙げられる。金融資産の大半は、退職金と年金。会社の中では、知識があり人気者だったのは、会社社会でのこと。今は、その知識は役立たないし、お友達もいない。8つ目のタイプは「ソロ充」。人的資本だけあって、社会資本や金融資産がない人。典型的なタイプは、結婚や子どもを作ることには興味がなく稼いだお金は、すべて自分の趣味に投じる若者だ。また、駆け出しの自営業もこのタイプ。なぜなら、人的資本はあっても、事業が軌道に乗るまでは貯金できないし、友達と関係を持つ時間もないからだ。

3つの資本・資産は、持っているに越したことはないが、橘玲氏は、2つの資本・資産を持っていると「幸福」といえる状態になるのではないかとしている。

龍太は、この3つ資産・資本を、ライフステージや、居住地・家族の状況に応じて、自分らしくうまく資本・資産の運用をデザインしていくことをお薦めしている。**そのために有効なのが、龍太が経験してきた複業という手段だ。**

複業で育む3つの資本・資産運用が良い理由

複業で営む3つの資本・資産運用の話をする前に、昭和の時代によく見られていた、退職まで、ある会社で専業で働く男性社員の3つの資本・資産運用を考えてみよう。

〈ある会社員の専業物語〉

大学を卒業後、ストレートに会社に就職。大学までで学んだ知識・経験の「人的資本」を元手に、最初は会社でお決まりの新人研修から仕事が始まる。その会社で必要と思われる知識、「人的資本」の注入がなされ、同時に新人同士で会社における信頼の形成、「社会資本」を育むところからスタートだ。

そして、迎える初任給。まだ仕事の成果はあげていないが、お金を頂く。しかし、貯金するお金まではない。会社によっては、社内預金や社員持ち株制度などに加入できるほか、昭和の時代の会社には退職金制度があるところが多い。自分が認知しなくても「金融資産」を貯め始めることがある。

3年〜5年経つと部署異動を経験する。異動によって、それまで培った「人的資本」と異動前のメンバーとの「社会資本」が損なわれるが、新しい部署で新たな仕事を覚え、新たなチームメンバーと出会うことで「人的資本」と「社会資本」は蓄積される。仕事をしっかり続けていければ年々、仕事が任され、昇給もされる。

20代後半。独身であれば、贅沢をしなければ、お金に少し余裕ができる頃だ。将来、結婚して家族を持つことなどを考えて貯金や生命保険の積立を始める。自分自身で「金融資産」の貯蓄を始める。

30代前後。素敵な女性に巡り会えて結婚。昭和の時代は女性は専業主婦がほとんどだった。男性は昇進・昇給を目指して働く、働く！　2年後には子どもが生まれ、ローンを組んでマイホームを購入。「金融資産」がマイナスになる。「人的資本」と「社会資本」で育まれた、将来の「金融資産」の前借りだ！

第一子誕生の2年後には第二子が誕生。親子四人の典型的な家庭となる。一家の大黒柱になったお父さんは、会社では一通りの仕事を経験し、リーダー格のベテラン社員に。30代後半には、マネジメントを任される課長などに昇進。ますます、会社のために社畜のように働く。会社の中では、若手幹部候補生社員として扱われ、先輩たちやお客様との夜遅くまでの飲み会や、幹部候補生のための研修などをこなし、この会社で最高のパフォーマンスが出るように「人的資本」や「社会資本」を積んでいく。

その間、子どもや家庭のことなどは奥さん任せ。家庭の中の「社会資本」と「人的資本」は、会社で「金融資産」を得ることと反比例して、陳腐化していく。二人の子どもが、順調に大学まで進学すると、教育費はマキシマムに！ 奥さんも近くのスーパーで仕事をして家計を賄う。

二人の子どもを社会まで送り出すまで、あと6年となった50歳。肩書き付きの役員に昇進。会社の方針を決めアクションできるスキル「人的資本」と、それを実行できる社員や取引会社との信頼である「社会資本」が最高に達した時だ！ しかし、社長が自分の意思と違うことを言ってきたとしても、文句は言えない。とにかく頑張る。会社を辞められないので、ストレスが溜まろうと、頑張る！ 頑張る！

子どもを社会に送り出して迎えた56歳。定年まであと4年。会社では、60歳の定年に向かって退職のための黄昏研修が始まる。定年後に何をしたらよいのかわからないので、再雇用契約を検討するも、フルタイム・嘱託契約をすれば、年収は今の3割に。この選択もイマイチと感じる……。

結局、60歳で退職を決断。会社が積みたててくれていた「金融資産」である退職金は、ローン返済に充てて一部しか残らなかった。会社で培ったスキルである「人的資本」や会社での仲間やお客様との繋がりといった「社会資本」の価値は、その会社でしか使えず、一気に消え去った。一方、家庭の資本は、家事を一切してきていないため「人的資本」はわずか。今まで、ほとんど家での会話がないので、奥さんとの関係も冷え切り、お荷物に扱われ家庭の「社会資本」も最悪。最終的に奥さんとも別れ、一人ぼっちに。

このとき、彼に残ったものは、社会資本、人的資本、金融資本が少々。毎日、近くの図書館へ出向き時間を潰す。そんな生活が始まる……。

この例は、人物像の8つのタイプで言えば、退職者タイプから貧困タイプの間の人に近い。1つの企業で専業で働く男性社員について、ちょっと極端な物語のように聞こえるかもしれないが、この物語の端々を現実に耳にする。40年近く働いたあげくに3つの資本・資産がない！

これでは、そのあとの人生に不安を感じるに違いない。

〈なぜ専業の物語が3つの資産運用に失敗したのか〉

専業では、3つの資本・資産が育まれない理由は3つある。

❶会社環境での有効な人的資本は、外では有用な資本にならない

1つは、会社環境での有効な人的資本は、外では有用な資本にならないからだ。産業革命後、産業が発展しいく一方、産業が細分化し専門化していく。これ自身は悪いことではない。効率化を求めるからこそ分業化した。しかし、分業はマニュアル化を生み出し、ルール通りにこなす能力が問われることになった。なぜ、そういったマニュアルの内容になっているのか説明もなく仕事をこなす状況を生み出した。部署の中での局部的な効率化のために、思考力を投資している場面がないわけではないが、一般的な会社では、思考や対話する時間は少ないのが現実だ。

社会変革のスピードも人的資本に影響する。会社の中に閉じこもっていると、会社の業界に閉じこもっていることになり、新しい技術や社会の考え方に触れることが少なくなる。それゆえに、その業界では有用な知識や経験は探求され獲得するものの、外の業界や社会のスピードにはついていけなくなる。「自分たちには関係ないし……」と言い訳をしている人ほど「人的資本」がみるみる腐っていく。これが1つ目の理由だ。

❷会社員の錯覚からきている、社会資本の見誤り

次の要因は、会社員自身の錯覚からきている、社会資本の見誤りだ。会社には、厳格な人事制度がある。職能給、職務給などによる給与評価や、それに伴う肩書きなどがそうだ。昭和の

時代、一般的な会社では、担当、主任、課長と役職が上がるほど、椅子に、肘掛がついたり、背もたれが大きくなったりしていた。それが良い悪いではなく、仕事の内容と能力がアンバランスで、どう見ても能力がないのに肩書きだけで仕事をしている人を見かけることもあった。会社の中で育まれる人のネットワークは、個人への信頼ではなく、肩書きから生まれる信頼だ。その信頼の実情を自身が見抜けず、錯覚してしまう罠。これが、2つ目の理由だ。

❸不動産などの金融資産を持っていても、価値は上がらない

最後はお金だ。「お金は嘘をつかない」という言葉を聞いた人がいるかもしれない。その神話を真に受け、金融資産に絶対的信頼を置く間違い。少しくらいならいいのだが……。

その大きな資産が、専業物語にあった住宅ローンだ。ローンは将来稼ぎだすだろうと思われるお金を前借りして住宅を買う行為だ。ローンを組むと金融資産がマイナスになる。バブルの時代であれば土地の値段が上がることを見越して、もし、お金が返せないのであれば、住宅を売って帳消しになるケースもあった。しかし、現在、地価が高騰する場所は限られている。お金を返済するまで（つまり、金融資産のマイナス）がプレッシャーになり、会社の社畜にならざるを得ない原因になる。すると、ますます、前述した単一の人的資産と社会資本に追い込まれていく。

また、もし、住宅をローンで買わなかったとしても、普通の貯金をコツコツしていれば良いというのも、間違いだ。なぜなら、ほとんど利息がつかないからだ。物価の上昇とともに相対的に貯金の価値は下がっていく。

「ある会社員の専業物語」で紹介したお父さんは、今後どうすればよいのだろうか。百歳まで生きるこの時代。まだ、人生の半分を過ぎたところだ。

しかし、龍太がお薦めする資本・資産の考え方を用いると、まだ、復活の糸口はある！　橘玲氏によれば、少なくとも2つの資本・資産があればよいのだ。おかげさまで身体は健康。体力があるのであれば「人的資本」は手に入った。体力があるならば、労働力の提供は可能だ。それを元手に、昔の会社役員の肩書きを捨てた新しい「社会資本」を紡ぎ出せばいい。

次項で、3つの資本・資産の運用方法について説明する。退職した会社で培ったスキルを棚卸して、新しいところで役に立つ「人的資本」を、ぜひ見つけてほしい。

◇◇◇◇◇◇◇

3つの資本・資産を再生産させるには

では、どうしたら、3つの資本・資産を再生産し増やせるのだろうか？　ここでは、龍太の頼れる知恵袋、井上税務会計事務所の井上文人さんの学びを引用しながら、説明する。

〈資本の再生産その① 人的資本の計算式〉

そもそも、資本の再生産とはどういう計算式なのか。

元本 × 利率 × 時間 ＝ 投資の利益

小学校レベルの計算だが、千円を元手に銀行に貸したとする。普通預金の利率は0.001％なので、一年間、貸しておくと0 .01円利益が出るというロジックである。今は低金利時代で「スズメの涙」もない。仮に1億円を銀行に貸していたとしても、利益は千円だ。銀行に普通に貯金しているだけでは、何の得にもならない。

さて、これを押さえておき、再び、井上さんに質問をする。まず3つの資本・資産の1つ、一番、最初に人間が持つ資本。労働のための力、筋力、知力などの人的資本の再生産はどう育まれるのだろうか。それは、次の計算式になる。

人的資本の豊かさ
＝元本（健康・知識・経験）×利率（仕事の安定）×時間

元本は、まずは力の源である健康。さらに、家庭で親から、もしくは学校で自分自身で見たり、触ったり、遊びの中から得た知識・経験や、社会でもみくちゃにされながら、楽しみながら身についた知識・経験だ。そして、利率とは「仕事の安定」と定義している。

龍太にとっての元本・利率・時間はなにか

龍太の場合で考えてみた。マイクロソフトで働いた時代の後半、Office 365の立ち上げをしていた龍太。自分でなければできない仕事と思って、家族のことよりも、仕事を優先した。そこで必要とされた**元本**は「大きな目標、ＫＰＩに挑戦できる体力と強いメンタル」だった。

朝早くから夜遅くまで働いた。会社から言われた目標を月次で報告。達成できなかった時のリカバリーのアイデア出しとその説明には、とてもストレスがかかったので、体力と強いメンタルは、マイクロソフトでは大切な人的資本の元本だった。当時、クラウドサービスというものがまだ世の中に出てきて間もないため、お客様の期待やそれを販売してくれる販売会社のモチベーションを探索し、企画にフィードバックするという、何もないところから新しいものを開発する「0を1にする経験」も必要になった。ここには、NEC時代に携わっていた「新商品開発の知識」というスキルを元本に使った。

利率（仕事の安定）には何が該当するだろうか。期待する目標に対して投資されるリソースへの安定が龍太の場合には合致すると考えた。マイクロソフトはクラウドサービスに大きく舵を切るために、莫大なヒトモノカネを投資した。龍太は、その利率として、高い目標、KPIを達成できないと言い訳できないほどのリソースを与えられ、現場での権限と責任を活動に生かしたことを思い出す。

そういう経験から、利率とは、自分にとっての「仕事の難易度」と考えた。つまり、達成したい自分の仕事の理想と現実のギャップの大きさだ。なぜなら、目標が難しいほど、現実とのギャップが大きく、それを達成するために様々なことを考えるからだ。

目標に対する難しさをスポーツアスリートでたとえると、１００ｍを10秒台で走るよりも、

9秒台で走る方がより多くの練習や経験が必要になる。しかし、あまり目標を難しく設定しすぎると、元本の身体を壊したりするリスクも伴う。お金の世界でいうと、ハイリスク／ハイリターンという商品の性格を表す文脈に近いかもしれない。

最後は**時間**だ。龍太は、Office 365のプロジェクトを2009年から2013年まで4年間実行した。長いようで短い4年間だった。

【龍太の場合】
人的資本の再生産
＝元本（健康・新商品開発の知識・0を1にする経験）×利率（クラウドサービス立上げの仕事の難易度）×時間（4年間）

龍太は、何を人的資本として再生産したのだろうか。再生産されたのは、お客様に対する「クラウドサービスのメリット、デメリット」だった。ほかにも、販売会社の収入モデル変更に伴う「経営方法の変え方」や、「クラウドサービスを立ち上げる際の知識、経験」が再び生産され資本となった。しかし、もしかしたら、仕事に熱中しすぎ、運動不足で体力という資本は落ちたかもしれない。

人的資本の再生産を改めて整理をすると、次のようになる。

> **人的資本の再生産**
> **＝元本（健康・スキル・経験）×利率（仕事の難易度）×時間**

〈資本の再生産その②　社会資本の計算式〉

2つ目の資産である社会資本の公式は、井上さんによると次の通りだ。

社会資本の豊かさ
＝元本（コミュニティ）×利率（付き合いの濃さ）×時間

社会資本は、人との信頼関係や社会的ネットワーク。その**元本**は、コミュニティだと井上さんは言う。コミュニティとは、目的や趣向を同じくする人々の集団を指す。

龍太にとっての元本・利率・時間はなにか

ここでも、龍太の場合の方程式を導き出してみたい。専業時代であるマイクロソフト時代のことを思い出しながら、思考を深めよう。

マイクロソフト時代のコミュニティといえば、そのほとんどはマイクロソフトの仕事に関係する人たちやその集団だ。

Office 365の事業を立ち上げていた時に利用していた集団は、マイクロソフトの社員という集団だ。お客様のフィールドに行く事業開発の集団や、製品全体の戦略を司っているマーケティングの集団、製品の運用のメンテナンスをしているサポートの集団など、複数の集団があった。いずれもOffice 365をより多くの人に長く使って頂くことを目的に働いている集団なので、1つのコミュニティといって良いだろう。

そのほか、Office 365の販売に協力して頂いている会社の社長さんの集団がいた。時には、その社長さん同士と情報交換する場を作り、社長さん同士で自分の得意とする販売にクラウドサービスをどう組み合わせれば、自分の会社の利益が出るのかを学び合った。このコミュニティは、販売会社の経営にOffice 365をどう貢献させれば良いかを目的にした集団なので、会社とは別のコミュニティといえよう。

そのコミュニティの元本が、今になって、どう社会資本を再生産しているだろうか。例えば、マイクロソフトで働いているとき、徳島県神山町のＮＰＯ法人グリーンバレーの大南信也さんと出会った。神山町は「創造的過疎」というビジョンを掲げて、ステキな仕事を持っている人を呼び込み、地方再生のモデルになったことで有名だ。サイボウズに転職したあと、再び、大南さんに会いに行った。神山町としての地域をチームにする道具としてサイボウズのクラウドサービスkintoneをお勧めし、利用してもらった。その事例を総務省の地域情報化大賞にエントリーし、地域活性化部門賞に選ばれた。この事例を経験し獲得した龍太は、いろんな地域でチームワーク溢れる神山町の例を話すことができるようになった。

ある時、島根県で企業ではなく地域でkintoneを使っているという話を聞いた。すぐに龍太は動く。そこで出会ったのが、島根県益田市で地域の市民のために活動をしていた県職員の檜谷邦茂さんだ。檜谷さんに関心を持った瞬間だった。保育園、小学校、中学校の先生が、それぞれの組織を超えて、野外学習の実績を共有するための仕組みをクラウドサービスを使って仕掛けたのが、檜谷さんだった。

その後、益田市の各地域で育まれた檜谷さんと龍太は、「100地域あれば100通りの課題」をテーマにプロジェクトを立ち上げ、kintoneという1つのクラウドサービスの基盤に、課題を解決したい市民がアクセスする仕掛けを作った。例えば、イノシシなどの鳥獣被害を市民がネット上の地図に入力しながら、猟友会の人が罠を仕掛ける、市役所はそれをサポートするような事例ができあがった。

これらは、マイクロソフト時代に龍太が持っていた徳島県神山町の大南さんの関心による繋がりと、その繋がりによって、島根県益田市の檜谷さんと繋がることによって、社会資本が再生産された一コマだ。この経験値をもとに振り返ると、元本は、コミュニティよりも、シンプルに、お互い関心を持っている人という意味の**関心の関係集団**としても良さそうだ。

龍太の事例は、転職を背景にした「社会資本の再生産」だ。もっと一般的な話として会社勤めの場合を想定すると、その中で人の繋がりを増やすきっかけは昇進だ。役職が上がるほど、関係する社員も多くなる。その会社に社会的な価値があるとすれば、自分の社会資本が高まるといえよう。ただ、そういう価値が高い産業分野が少なくなっているから、社内より社外の人やコミュニティとの繋がりが重要視されている時代ではないかと感じている。

次に**利率**について考えてみる。井上さんは「付き合いの深さ」と定義している。確かに付き合いの深さが、社会資本の再生産に関与していそうだ。どうしたら付き合いの深さが、社会資本の再生産につながるのだろうか。

付き合いの深さは、その時々で違う。例えば、檜谷さんとの繋がりは、いつも彼とベタベタに深いわけではない。時々にタイミングがある。では、その時々のタイミングにおいて、何を元にして、付き合いの深さは生まれてくるものなのだろうか？

檜谷さんとの事例を元に思考を深めると、社会資本は、龍太のスキルすなわち、経験・実績と、檜谷さんと龍太の信頼から生まれているように思える。信頼とは「信じて頼りにすること。頼りになると信じること」（デジタル大辞泉）と定義されているが、そもそも信頼がどこから生じるのかについては、サイボウズの定義を使って考えてみるのが良さそうだ。

サイボウズでは「信頼＝スキル×覚悟」と定義している。先ほどの例で説明すると、**スキル**は、徳島県神山町でサイボウズのクラウドサービスを用いて地方創生に関与した経験や実績であり、**覚悟**は、初めて会ってほぼ何も知らない檜谷さんに、龍太が関心を持ったという覚悟だ。覚悟とは「危険な状態や好ましくない結果を予想し、それに対応できるよう心構えをすること」、「観念すること。あきらめること」（大辞林 第三版）と一般的には定義されている。確かに、龍太にとって人に関心を持つということは、檜谷さんに限らず「騙されるかもしれないけど、今は（この状況が揃っているので）大丈夫」とか、「関心を持つ自分がいることを認識し、その自分に観念する」という関心を持ち、覚悟していると感じる。

ところで、相手との付き合いは、自分だけ興味をもって生じるものではない。相手も関心を持たなければ関係性を作れない。関係性とは相思相愛のようなものだ。しかし、この計算式「社会資本の豊かさ＝元本（コミュニティ＝関心の関係集団）×利率（付き合いの濃さ）×時間」は、自分を主語にした場合の資本の豊かさ（再生産）を求めるものだ。自分が関心を持つことにより、関係性が作られる確率は高まる。相手の関心の覚悟はコントロールできないものであるが、まず自分の覚悟で決まる再生産は手軽に実施できる。

これらの思考を背景にして、檜谷の事例を元に社会資本の再生産を整理すると、檜谷さんと出会ったとき、龍太が持っている「大南さんという繋がり」の元本と、先ほどの「スキル」と人に関心を持つ「覚悟」により生まれる「信頼」が社会資本を再生産していたと確信する。

社会資本の豊かさ
＝元本（関心の関係集団）×利率（スキル×覚悟＝信頼）×時間

この方程式は、会社の中で社会資本を再生産するシーンを想定しても説明がつきやすい。ある課長が、楽しそうに働いている10人の部下を持っているとしよう。課長は10人の部下との良い繋がり（関心の関係集団）を**元本**に、別の部署のAさんに仕事を依頼する。

楽しそうに仕事をしている部下たちの課長への信頼をAさんが普段から見ていたならば、依頼はスムーズに受領され実行されるだろう。他の部署から協力をもらい会社の中の社会資本を再生産していくことができる。反対に、何人もの部下を持っていても、その課長の信頼が損なわれると、再生産はもちろん、会社における課長の社会資本は崩壊する。立場が課長ではなく社長であると、社会からも信頼がなくなり、いくら優秀な社員や素晴らしいお客様という元本を持っていても、信頼との掛け算なので、社会資本は失われることになる。

最後は**時間**という変数だ。関係を持っている人とその人との関係に、人間が等しく持つ24時間をどれくらいの割合で掛けるかで、社会資本の再生産される量が決まる。時間のかけ方は現代では様々だ。家族や会社のように、毎日数時間リアルに繋がりを持っている場合もあれば、「Twitter、facebookやLINEなどのSNSツールで、時には1年に一回、長い時は、毎日コミュニケーションをして、社会資本の維持・拡大に躍起になっている人もいる。

龍太自身も、マイクロソフトで働いていた2000年ごろの前半と、Twitterやfacebookが出てきた2008年以降の後半とは、まったく人の繋がりの構図は違う。まさに、「広く、細く、長く」の人脈の急増だ。龍太のfacebook（https://www.facebook.com/ryuta.san）は、友人が2500人を超える。この繋がりから、再生産される人脈も数知れない。龍太が社会人になった頃には考えられなかったことだ。また、大人であろうが学生であろうが、このような社会資本の繋がりを持つことができる状況は、これからの時代に大きな変革をもたらすに違いない。

さて、社会資本の再生産はどんな方程式になるのか、改めて整理をすると、こうだ。

【龍太の場合】
社会資本の再生産
＝元本（徳島の関心の関係集団）×利率（信頼＝地域のチーム化スキル×檜谷さんへの関心の覚悟）×時間

龍太は「徳島の関心の関係集団」を元本に、徳島の地域をチームにするスキル・経験を、檜谷さんへの関心の覚悟を利率にして、島根県益田市のコミュニティを再生産した。そう考えると、本書では、スキルという言葉を「人的資本」と意味づけ、覚悟は「関心度」とした方がわかりやすい。

（信頼）＝人的資本×関心度

まとめると次のようになる。

社会資本の再生産
＝元本（関心の関係集団）×利率（人的資本×関心度）×時間

この方程式から導き出された大切な気づきは2つだ。1つは、自分の覚悟や思い（関心度）からの行動が、社会資本を育む大切な起点になること。確かに、龍太の経験でも、自分が相手と繋がりたいかという思いや、自分自身の強い行動が、新たな人が社会資本になるかならないかの結果につながっていると感じる。すなわち、繋がるというのは他人が決めるのではなく、まず自分次第だということだ！

もう1つは、3つの資本・資産のうち、人的資本との社会資本との関係だ。人的資本が社会資本の再生産への変数になっており、人的資本の利益が社会資本の原資になるという関係性だ。まさに資本同士の生態系を描いている。

人的資本を増やすと、社会資本が増えることは、龍太の人生をみても、言えそうだ。マイクロソフト時代、難易度の高いクラウドサービスの立ち上げの仕事の経験から、新たな知識が増えることにより信頼が高まった。また、昔、一度会っただけで関係が薄いサイボウズの青野さんに、あるご縁で再開し誘われ、kintoneによるチームワークあふれる社会実験をしている自分が今ここにいる。さらに、サイボウズをきっかけに出会った人たちが、龍太の社会資本の再生産、利益となっているという事実も、とても面白い！

〈資本の再生産その③金融資産の計算式〉

3つの資本・資産の最後は金融資産。こちらも井上さんに聞いてみたところ次の通りだ。

金融資産の豊かさ
＝元本（相続・人的資本の貯蓄）×利率×時間（運用期間）

金融資産とは、言わずもがな、自由に利用できる財産（現金、貯金、不動産など）である。井上さんによると、元本を形成するものは**相続**や**人的資本**の貯蓄だという。相続というと大げさだが、親が自分の子どもにお年玉をあげて、子どもが嬉しく受け取るお金――つまるところ贈与――を貯蓄と考えるとイメージしやすい。

贈与とは、自分の財産を無償で相手方に贈るという意思表示をして、相手方がこれを承諾することによって成立することだ。受け取った側はいったんは貯蓄。それは、金融資産の元本となる。また、**人的資本の貯蓄**とは、うまく表現したものだ。人的資本とは、労働者が有する生産に有用な能力（労働、知識、技能）だ。その能力は、その力を発揮する場がないと有効化しない。つまり、その能力を活かす仕事がないと、宝の持ち腐れということだ。

仕事があり、その時に持っている人的資本である労働、知識、技能を使って生み出される成果への対価が「お金、給料」だと言える。すなわち、人的資本がお金に変わることを意味する。その、お金を手元に残したら**金融資産**となる。

龍太にとっての元本・利率・時間

龍太が大学を卒業した１９８６年頃、普通預金の利息は今では考えられない利率であるが、２％ほどであった。普通預金にお財布代わりとしてお金を預けておいたとしても、何か意味のある雑用品を買う程度のお金にはなった。最初に入ったＮＥＣでは、社内預金制度があり、確か利息は当初６％という高利率だった。この預金制度を利用し、一定金額を給料から天引きして貯金していた。

さらに１９８６年は、日本のバブル期の始まりで、預金商品以外に株や社債など、新卒の龍太にとっては程遠い言葉が飛び交っていた。しかし、このバブル期は長続きせず、５年後の１９９１年には崩壊を始める。金融に興味のない龍太は、金融商品に対して理解を示そうとしなかったので、株や社債などの商品を信用しなく、勉強もしなかった。しかし、入社以来、少額ではあるが、比較的利率が高い口座にお金を預け、若い頃から元手を作り、その時代に合わせた、ローリスク、ローリターンの手堅い金融商品に少しずつ乗り換えていた。結果的にではあるが、何十年にわたって運用をしていたことが、今になって良かったと振り返る。

とはいえ、今や普通預金においては、利息は0．001％であり、二千倍も違う。もうこの利率は利息とは言えないくらい小さなものだ。しかも、2019年6月には金融庁から「老後に2000万円足りない」という報告があり、同月に経産省からも「老後に2900万円足りない」という報告もあり、国民一人ひとりが、貯金とお金の運用を促す話が出てきている。

この先、我々はどうすれば良いのだろうか？　日本では、大切なことであるにもかかわらず、学校でも会社でもお金に関しての学びの場がない。どうやって学ぶべきかと思っていた矢先に、「専業禁止」で有名な株式会社エンファクトリーの代表取締役社長ＣＥＯである加藤健太さんのところに、副業についてのインタビューをする機会があった。そのインタビュー中、加藤さんからこんな発言が飛び出した。「私たちの会社では入社時に『自立型社会を生きる、ファイナンシャルリテラシー講座』というレクチャーをやっている」と。感動し、すぐさま、サイボウズでもその講座を開いてもらえないかを依頼した。快く引き受けていただき、興味ある社員が50人近く集まり講座が開催された。

加藤さんから学んだことは、2つだ。1つは、「若い時期から株式投資をすることが重要な時代」だということ。金融資産の方程式にある「時間」という変数が大切だということだ。複利という仕組みをご存じだろうか。少額でも長い時間運用をすると大きな資産形成になる。例えば、税金のことは考えず、社会人になってすぐに月々の積立額を一万円として、年利回り3％で63歳まで40年間運用し続けた場合、推定資産額は、単純計算で約919万円。投資した金額の合計は約 480万円だ。利率3％は、国際分散投資を前提に、多くの商品が販売されている。リスクは確かにあるが、40年という時間は、絶対に取り戻せないのだ。

もう1つは、税金にメリットのある「確定拠出年金」の制度だ。加藤さんの言葉を引用すると、この年金は「拠出する金額が高いほど、節税効果が高くなる。中立的な見地から投資商品の提供を受けられる掛金にもよるが、社会保険料についても等級が下がる可能性がある商品」とのこと。金融資産の再生産の知識はこれからの時代、とても大切だ。

金融資産の再生産をまとめると、次のようになる。

> 金融資産の再生産
> ＝元本（贈与・相続・人的資本の貯蓄）×利率×時間（運用期間）

なぜ、金融資本ではなく「金融資産」なのか

さて、話を3つの資本・資産に戻そう。3つの資本・資産を主張している橘氏は、なぜ、金融だけ「金融資産」と言っているのだろうか。龍太は次のように解釈している。

一般的に、会社の中で「資本」とは会社を設立するにあたっての「元手」を意味し、「資産」は会社の財産と言われている。これまでの話を3つの資本・資産の関係で振り返ると、この世に生まれたときから、人的資本や社会資本は、自らが生み出し育むものだということがわかる。

人的資本の源は体力、知力。生まれてから、成人まで、一般的にどんどん大きくなっていく。社会資本においても、人的資本を元手に自分の覚悟を決めた行動が社会資本を増やしていく。その結果として、金融資産が生成される。まさに、人的資本→社会資本→金融資産という流れができあがる。

これは、まさに会社の仕組みと同じである。資本を回して生み出すものだから、金融資本ではなく「金融資産」なのだ。そもそも、金融資産の原点は貨幣だ。貨幣とは、商品交換の際の媒介物で、価値尺度、流通手段、価値貯蔵の三機能を持つ、便利なものだ。人は、金融資産に一旦変換して蓄積する。一方、人的資本や社会資本は長期にほっておくと陳腐化する。わかり

やすい例が人的資本の体力だ。歳をとるにつれて体力は低下し、最後には死を迎える。その体力を補うために、サポートしてくれる補助員に支払うためのお金は金融資産だ。

さて、一旦、貯められた金融資産は、いろんなものに変換できるわけだ。変換された金融資産は、再び、体力を補うことだけではなく、様々な人的資本や社会資本を育むものにも変換できる。例えば、人的資本。新しい元手となる知識が今の会社や仕事で再生産できないとき、どうするか？　新しい人的資本を得るために、お金という金融資産を使って学校に通って知識を得る。

社会資本の場合はどうだろう。これから大切な繋がりになりそうな人に会う時間が必要だとしよう。仕事を休んでその時間に当てるために、その日に稼ぎださないといけない生活費を、もともと貯金していた金融資産で補う。まさに、図1-2のような生態系でこの3つの資本・資産を育むことができる。

図1-2：3つの資本・資産を育む生態系

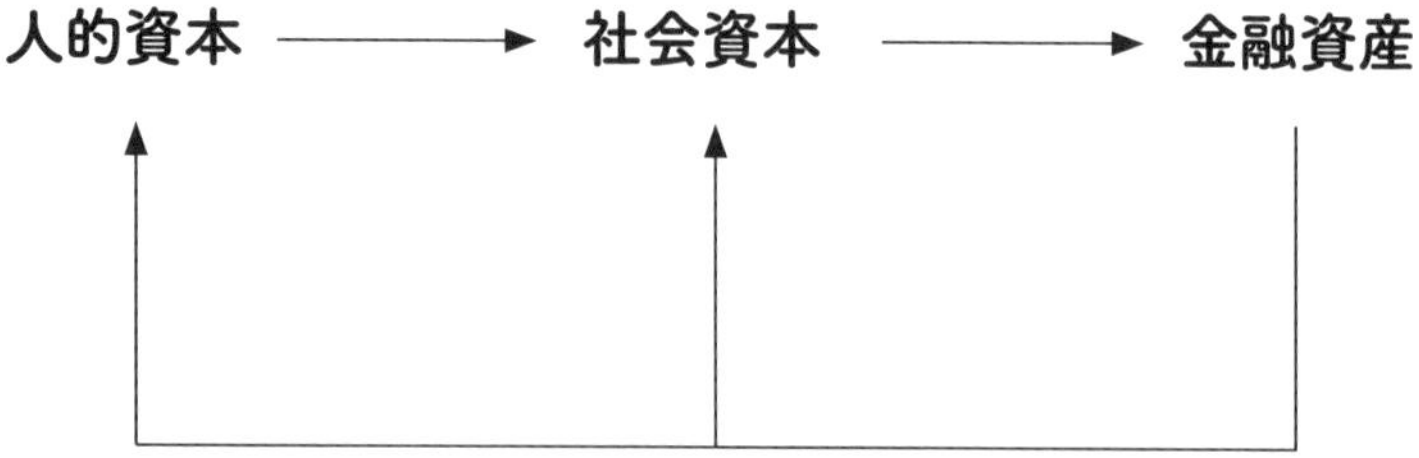

〈3つの資本・資産を取り巻く環境の話〉

もう1つ、この3つの資本・資産を考える際に大切なことは、この3つを取り巻く環境という概念だ! 例えば、あまり考えたくもないが、世界的な災害が地球上に起きたとしよう。勤めていたオフィスも崩壊し、なんとか命からがら逃げたものの、途方にくれる龍太。携帯電話の電波は途絶え、家族とも連絡が取れない。水道や電気、交通機関も壊滅状態。その規模は、地球全体に及ぶ。そのような事態を想像しながら3つの資本・資産の価値は、どう脳裏に映るのだろうか。

まずは、金融資産。金融資産が銀行にあっても、現金化することもできず、○○Payなどの電子通貨も役に立たない。手元にある少ない現金ですら、購入できるものもないので、無力化する。金融資産は、ほぼゼロだ。社会資本はどうだろう。もともとつながりのあった会社の同僚は、混乱の際に行き別れ。社会資本もこの瞬間はゼロ。命からがら、逃げてきた身も知らない人と初めて出会い。瓦礫などの撤去作業をしながら一から社会資本を育むことになる。もちろん、携帯電話などの通信インフラはないので、2500人いたSNSのつながりもなしの状態だ。

そして、最後に人的資本。日頃使っている龍太のスキル、例えば企画書を作る、パソコンを使って創作するといったスキルは、この非常事態にはまったく用無しの知識、技能となる。それに代わって必要となる人的資本は、瓦礫などを除去する、労働力、筋力などだ。もちろん、パワーショベルやユンボなどといった重機はない。小さい力で、大きなものを動かす梃子の原理などの知識と経験、まさに原始時代に活躍する人的資本が必要だ。つまり、龍太の人的資本の価値は、限りなくゼロに近い状態になるといったスキルは、このように、龍太を取り巻く環境が変わると、3つの資本・資産の価値が、無くなったり、増強したりする。

わかりやすくするために、世界的な災害という環境で解説したが、身近な例でいうと、会社の中の異動という環境の変化も同様だ。前の部署で培われた知識、人脈という資本が、新しい部署で重宝されるか否かで、自分の3つの資本・資産の大きさが変わることは、みなさんも容易に想像できるだろう。

第2章

〝複業ポートフォリオ〟の組み方を考える

1章で説明した3つの資本・資産の枠組みは、自分を俯瞰的に見るために有効な道具となる。いざ、複業を考え出してモヤモヤした時には、どんな資本・資産を得たいのかを考えて「複業ポートフォリオ」を組むことがお薦めだ。2章では20代～50代までの世代ごとに参考にしてほしいポートフォリオの組み方を紹介する。

◇◇◇◇◇◇◇

龍太の考える複業ポートフォリオ

3つの資本・資産の枠組みは、龍太にとって、自分を俯瞰的に見るために有効な道具である。どんな資本を得たいのか、どんな資産をどう貯めたいのか、モヤモヤした時には、一つひとつの行動をこのフレームに当てはめて考えるようにしている。複業に必要な3つの資本・資産の考え方は、極端な話、1時間という時間の中に、同時並行的に育んでいる3つの資本・資産が存在することに気づくことが大切だ。これが〝複業ポートフォリオ〟だ。

そもそもポートフォリオとは、諸説あるようだが、元々の意味は「紙ばさみ」であった。昔、海外では「紙ばさみ」に自分の資産内容を示した紙の資料をはさんで持ち歩いたことから、転じて、保有資産の構成内容を「ポートフォリオ」と呼ぶようになった。以下に、投資資料館(https://www.toushin.com)に記載されているポートフォリオの意味を引用する。この考え方がぴったりだ。

ポートフォリオは分散投資を前提にしており、株式や債券、外貨建て金融商品など異なる投資対象の組み合わせによって、リスクの最小化とリターンの最大化の両立をめざす。また、投資家自身の年齢や年収、ライフプランなどを考慮に入れたうえで、ハイリスク・ハイリターン型の金融商品の組入比率を高めたり、逆にローリスク・ローリターン型の金融商品の組入比率を高めるなどの調整を行い、個々人に最適なポートフォリオ比率を決定。ポートフォリオの決定には、さまざまな理論があり、これらポートフォリオ選択理論に基づいた資産配分比率の決定がなされる。

つまり、**個々人に最適な複業ポートフォリオがある**ということだ。複業を始めるときの年齢や年収、ライフプランなどを考慮に入れた上で、どのようにリスクを設計していくか、それが大切になる。

〈サイボウズ、NKアグリ、コラボワークス それぞれの3つの資本・資産運用〉

ここで、龍太のポートフォリオの中身について紹介していきたい。専業ではなく複数の分散した仕事（＝複業）の中で、龍太は何を目指して再生産しているのだろうか。株でいうところの配当（利益）がどう作られているのかを、覗いてみることにしよう。

サイボウズから得ているもの

龍太は、サイボウズ、NKアグリ、コラボワークスで仕事をしている。まず、サイボウズの仕事は、社会の課題を情報格差のない新しいチームワークで解決できるかを検証する「育苗実験」と称する実証実験プロジェクトのリーダーという役割だ。この育苗実験のための知識や経験という人的資本は、NECやマイクロソフトでいくつもの新事業開発の経験からの学んだものが元になった。サイボウズでは、この人的資本から抽象化したフレームワークであるユニークな「Doメソッド」を活用している。

人的資本の1つである人脈は、例えば、一章でも紹介した、マイクロソフト時代に出会った、社会課題を持っていた徳島県神山町の大南さんだ。その資本をベースにサイボウズで「育苗実験」を実施し、成果として給料というお金を再生産。そのお金を生活費と金融資産に割りふる。また同時に、新たに消滅可能性都市をチームにする知識と経験の人的資本として、島根県益田市の檜谷さんという社会資本のリターンも得た。

1週間のうち4日を費やし、自分が持っている知識や人脈のほぼすべてを投入している。全国の中からサイボウズが理想に掲げているチームワークを地域で実験できる機会はちょっとやそっとでは見つからないし、できない。だが、自分はそれに挑戦する。この複業での目的は、人脈や経験はもちろんあるが、やはり「お金」を目的にした再生産であると言えよう。

NKアグリから得ているもの

ＮＫアグリの仕事は、リコピン人参を自宅近くの畑で試験栽培する百姓と、その畑を使った広報担当だ。人参を栽培する経験もノウハウもない中、龍太が、その場所に20数年住んでいる信頼という社会資本を元手に、近所の地主さんから土地を借り、龍太の労働力、体力とＮＫアグリの栽培マニュアルを使って、リコピン人参の畑づくりから種まき、収穫までを行う。また、栽培の間には、ＳＮＳを使ってうまく広報活動をするスキルなども投資。自然体で得られた社会資本と人的資本を、サイボウズで働いていない、週3日のうちの時間の一部を投入している。

その結果、大きな投資をするほどに足らない年収をもらいながら、マイクロソフトやサイボウズでは、得られなかったリコピン人参の栽培ノウハウと、ＩｏＴを使った農業実績によって、農水省などの農業業界の人脈のリターンを得た。

では、栽培ノウハウと農業業界の人脈の獲得。どちらを目的に龍太は3つの資本・資産を運用しているのだろうか。農業は1年に一度しかＰＤＣＡが回らない。スローペースでしか、身につかないからこそその大切な知的インカムである。しかし、それを補完してもらえるのが人脈だ。農業に長年携わっている人は、言語化されてない知見や価値観を多様な形でたくさん持っている。その人脈を持つことにより、いろんな課題の解決や現実的な理想の創造ができる。つまり、ここで一番大切にしているものは、今まで龍太には持っていなかった多様な「つながり」の獲得だ！

コラボワークスから得ているもの

最後に、コラボワークス（https://collaboworks.jp）としての仕事を見てみよう。この仕事は、ひとくくりに「○○業」と言えないので、龍太が、好きでできる仕事業という意味を込めて「スキデキ業」と名付けた。

具体的には、例えば、ジンバルやドローンを使ったムービー撮影に始まり、複業講座からパエリア料理でティール組織を体験するワークショップなど、9種類の仕事が存在する。まさに、ここだけで複業ポートフォリオが組まれてもいる。

その2つを紹介しよう。1つは、ムービー撮影。スペインで開催された2016年の第56回国際パエリアコンクールで日本人が活躍したパエリア大会をムービーに収めて編集し、それを日本パエリア協会に提供した。その実績で、時々、ムービー撮影の声がけを頂くことになる。小学校から放送委員会に所属して番組づくりが好きだった。好きなことができることになり、それが、一仕事、五万円のお金に変わった。

ムービー撮影のお仕事は、趣味の延長線にあるものなので、龍太にとって大きな人的資本や社会資本を使っている感覚がない。そのため、結果に金融資産を求めていない。小さな「お金」の再生産で構わず、つながりといった社会資本や、人的資本であるスキルの再生産も目指していない。小さなリターンでも楽しいからやっちゃう龍太。3つの資本・資産の中では、少額な「お金」のインカムを目的にしている複業だ。

もう1つのコラボワークスの仕事にモデレーターがある。モデレーターとは、パネルディスカッションの時に、司会のような役割を担う仕事のことだ。

2017年3月頃、農業分野でお世話になっているジャーナリストの窪田新之助さんから「5月に開始するアグリテック・サミットで、『情報化によるバリューチェーンの構築』というテーマでモデレーターをやってみませんか」という相談をいただいた。プレゼンテーションの経験は多々あったが、モデレーターの経験はなかった。初めてのトライになるが「まあ、なんとかなるだろう」と思い引き受けた。

これをきっかけに、何度かモデレーターをやっているうちに、楽しくなり、主催者や参加者からは「面白い」とフィードバックをもらうことも多くなった。その一番の理由は、予定調和がないモデレーターだからのようだ。パネルディスカッションには、面白い時と面白くない時がある。パネラーそれぞれが、自己紹介と称して長いプレゼンをした後に、事前に示し合わせた質問と回答がなされるのは面白くないときの典型例だ。会場との対話もなく、パネラー同士の会話もない。予定調和ありきの、あらかじめ決められた筋書き通りの話で壇上が進む。

龍太の場合、あえて。パネラーとは登壇前に初めて会って話をする。それぞれの自己紹介程度しか情報交換はできない。あとは、ぶっつけ本番。自分が興味を持った質問をパネラーにしていくだけだ。その質問が参加者の目線に近い点も良い評価のポイントだ。

龍太にとって、モデレーターの仕事は知的なインカムを得られる仕事だ。いろんなテーマで質問ができ、最後に学びをまとめることができるので、とても楽しい。自分が楽しい仕事なので、モデレーターは1回500円で請け負っている（交通費は別）。モデレーターは知的収入が一番という戦略で考えた「スキル」を頂戴する複業だ。

さて、龍太のポートフォリオとして、合計4つの仕事を紹介してきた。4つの分散投資・運用で見えてきたものをまとめてみよう。それぞれのインカムは、次のようになる。

・サイボウズでは「お金」
・NKアグリは「つながり」
・コラボワークスのムービー撮影は「お金」
・コラボワークスのモデレーターは「スキル」

ポートフォリオをデザインして、資本・資産の再投資をするための3つのインカム（フロー）を手にすることを楽しめること、これぞ、複業の醍醐味だ！

〈専業時代と複業後の現在のポートフォリオ〉

ここまで、龍太自身の様々な資本を使った複業の実録を紹介してきたが、実際、マイクロソフト時代（2013年頃）の専業における3つの資本・資産と、複業した2018年頃の3つの資本・資産のポートフォリオについて解説してみる。

図2-1のグラフは、縦軸を資産の量とし、横軸を2013年と2018年時点の3つの資本・資産として比べたものだ。

まずは金融資産から。2013年、マイクロソフトの時代の金融資産の量はプラス75ポイント、住宅ローンでマイナス10ポイントであった。2018年の金融資産は、5年の間に教育費などに拠出し60ポイントへ減少したが、2013年のマイナスポイントであった住宅ローンはほぼなくなった。サイボウズとNKアグリで10ポイント貯金するものの、コラボワークスの事業でウェブサイトやサービス開発に投資して、マイナス10ポイントで専業時代に比べて15ポイ

図2-1：龍太の複業前後のポートフォリオ

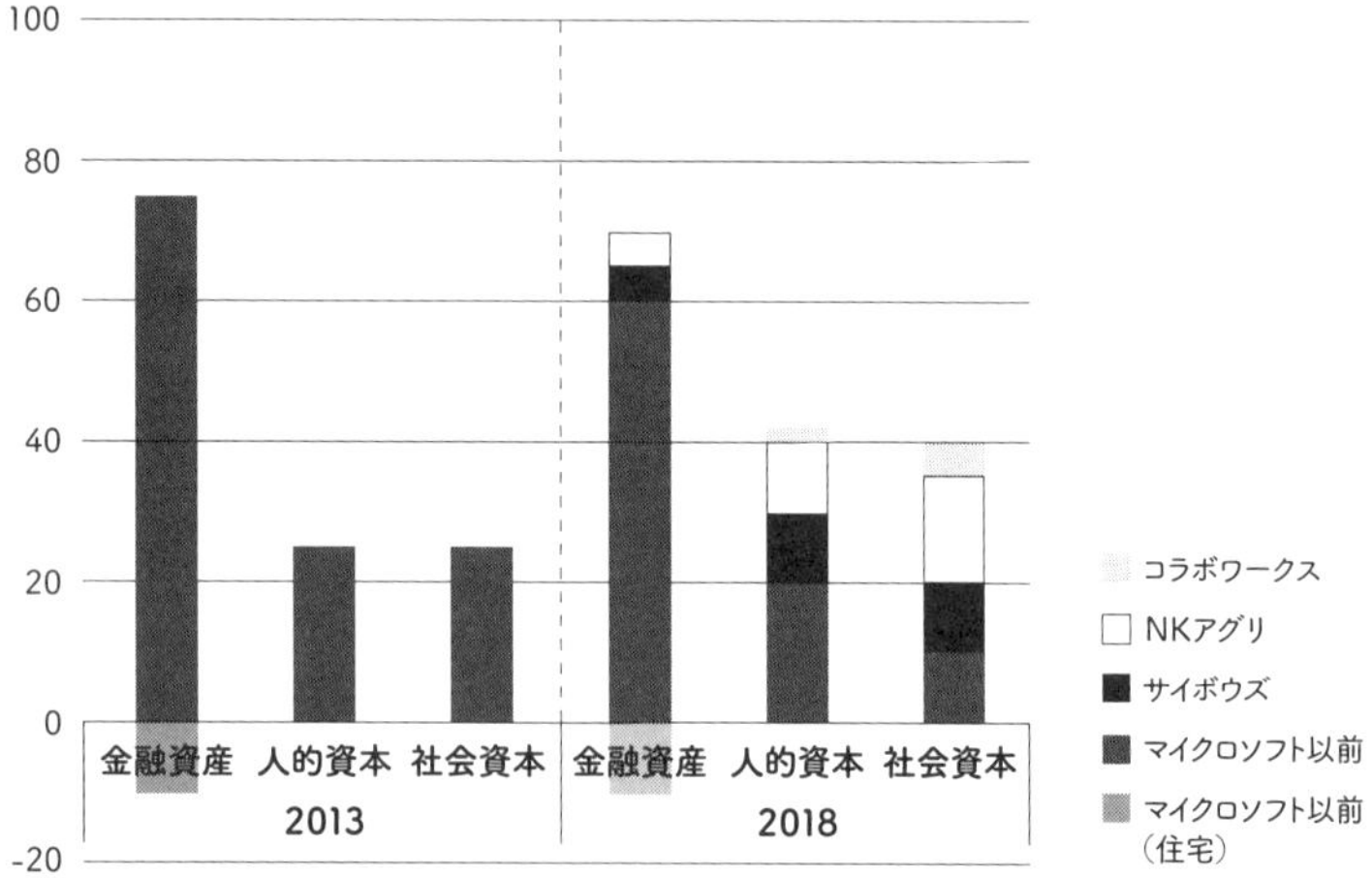

ントほどマイナスになった。

次は人的資本だ。２０１３年の人的資本は25ポイント。新規事業開発のスキルを中心にクラウドサービスのビジネスの立上げがその中身だ。２０１８年の人的資本は、マイクロソフト時代で培ったスキルは、25ポイントが20ポイントに少しだけ陳腐化するものの、健在と評価。そこに、サイボウズで培った、チームワークに関する講演やワークショップができる知見を10ポイントプラス。また、ＮＫアグリでの人参栽培に携わっていることで得られたスマート農業やバリューチェーンの状況や課題などを講演できる価値も10ポイントプラスとした。コラボワークスでえられた人的資本は、２ポイントと小粒で僅かだ。しかし、結果として、専業だった2013年の25ポイントから、42ポイントへアップした。複業によって、新たに人的資本を身につけ学んでいると感じている。

最後に社会資本を見てみよう。2013年のポイントは25だった。2018年になると、マイクロソフト時代の人脈は、地方創生絡みの人脈以外はほぼ使っておらず、目減りして10ポイントへ。その代わりに、サイボウズで培われた人脈として、行政や中央官庁、教育関係の人などが加わり10ポイント増加。さらに、NKアグリで育んだ人脈が15ポイント追加された。全国の若手の農家さんや農業関係のメディア、農水省などの人脈だ。コラボワークスでは5ポイント追加。複業イベントでご縁がつながる20代、30代の若い人たちとの関係が増加した。

振り返ると、社会資本も2013年の25ポイントに対して40ポイントと、大きくアップした。ポイント換算は、あくまでも自分の解釈だが、このように書いてみることが、未来の行動を起こすために必要なことだ。

〈ポートフォリオをデザインしよう〉

次に話をしておきたいことは、将来を考えたポートフォリオの組み方だ。どの複業がどれくらいリスクがあり、リターンがあるのかを見極めておくことについてだ。将来の環境によって、自分の持つ資本・資産の価値評価は変化していく。証券業界でいえば、自分が持つ銘柄の企業の何かが変わったわけでなく、社会情勢の変化によって、株価が勝手に上がることもありえる。

例えば、あり得ないかもしれないが、龍太のモデレーターが、この本をきっかけに、たくさんの人を呼べるくらいの人気になったとしたら、龍太のモデレーターとしての振る舞いは何も変わっていないのに、ある事務所からスカウトが来たり、金融資産として多額のお金を貸し出す出資先が現れたりすることも、夢物語だが、ありえる(笑)。

これは、株の配当のような運用損益とは別の話だ。3つの資本・資産の将来性を見た価値の先物取引、証券でいう銘柄の株価変動のようなもの。そこには、ハイリスク・ハイリターンからローリスク・ローリターンの商品がある。

龍太の中で、自分がハイリスク・ハイリターンとして勝手に定義した複業は、自分も新しいものを育む「育苗実験」の仕事をさせて頂いているサイボウズだ。一般的には、会社としてベンチャー的な振る舞いをして、一から立ち上げて上場を狙う会社に参画して仕事をする状況をハイリスク・ハイリターンというのだろう。しかし、龍太にとっては、時間や思考の深さなど、最も大きな自分自身のリソースをかけており、働き方や組織運営で、社会の一歩先を歩んでいるサイボウズでの経験だからこそ、それは、ハイリスク・ハイリターンの複業だと考えている。

さて、NKアグリはどうだろう。NKアグリは、農業分野で勘と経験に頼らない農業という、新しいサプライチェーンに挑戦している会社だ。将来、農業がすべて経験と勘に頼らない市場に移行するとすれば、龍太の経験や人脈は、今でも価値があるだろうか？　それを考慮したとすると、もしかしたら、ミドルリスク・ハイリターンなのかもしれない。

最後は、コラボワークスだ。9つも事業があるので一律な評価はできない。今後、ハイリスク・ハイリターンの複業になるものもあるかもしれないが、今のところはローリスク・ローリターンの塊。それが、コラボワークスへの自分の評価だ。

まとめると、ポートフォリオとしての3つの資本・資産を見るときに大切な見方は2つ。1つ目が、1つの仕事で、どんな資本・資産を再生産しているのか。2つ目が、その再生産しているそれぞれが、将来を見た時にどんな価値をもたらすと認識するかだ。

世代別、オススメなポートフォリオの組み方

今まで、は龍太のポートフォリオの動的な資本・資産の動きを共有してみた。ここからは、龍太が考えた3つの資本・資産のフレームを使って、世代別に、どこにフォーカスをして資本・資産を再生産した方が良いのか、たくさんあるポートフォリオ選択肢においての1つの理想に

ついて述べていこう。

ここでは、日本の統計をベースにしながら、一般的なペルソナを設定していることを最初にお断りしておく。また、序章で説明した「産業のビジネスパラダイム」について、以下をおさらいしておきたい。

第一のカーブ「造って、売る」(1950～1985年)

↓金銭的成果が評価の基準となる産業構造

対価は「お金」。現在も、色濃く残っている産業・企業はある。

第三のカーブ「顧客と共に」(2000～現在)

↓幣額成果以外の多様な評価基準と動機づけも考慮される産業構造

対価は「感謝」。それぞれの関心で楽しんでいるSNSや地方で見かける。

〈20代のポートフォリオの組み方〉

いろんな20代の人生があるがここでは、社会人として会社に就職したケースを取りあげる。大学を卒業したばかりの新卒1年目の3つの資本・資産とはどんなものか。人生100年時代。この先、80年もある。どんなところから手をつけていくべきなのか。

金融資産は、学生時代に少し貯めた貯金があるものの、人的資本と社会資本は社会人という環境下ではゼロに近いだろう。自分の体力と大学までに培った知識を元手に、会社で必要な知識を得るための新人教育や配属先でのOJTを受ける。そこで、人的資本が積み上がり始める。まずは、そこからだ。

また並行して、会社の同僚や部署のメンバーとの仕事を通じて関係づくりが始まる。時には、同僚同士で、時には、部署の中で。あまり気が進まないかも知れないが、仕事の後の飲み会で育む社会資本の形成も始まる。

今はYouTuberがいる時代。首都圏だけではなく、地方の人も参加できるオンラインサロンが開催されているケースも多い。デジタルネイティブなこの世代は、何かを習うために、スクールや教室に通うだけではなく、自分の興味さえあれば、オフライン・オンライン問わずに人的資本を蓄積する機会を活用している。そういった場所で名刺交換やSNSで友達申請をしながら、社会資本を獲得している。可能であれば、第三のカーブの産業（対価は「感謝」）に関わる人的資本、社会資本に接することをオススメする！　例えば、YouTuber、ネットブログや小さな地方創生とのかかわりだ。

20代が一番持っている特権は、資本・資産を再生産するための「時間」だ。**20代は、他の年代に比べ、個人差はあるものの絶対的に時間という特権を持っている。**「お金の複利」を最大限に利用してほしい。低金利時代、昭和の時代のようなタンス貯金や普通預金ではダメだ。最初に検討してほしいものは、老後資金の形成を目的に始まった個人型確定拠出年金（iDeCo）だ。税制面で優遇があるのが特徴で、掛金が「全額所得控除」、つまり、掛け金には所得税がかからない。さらに、運用時の分配金などの運用利益も「非課税」となる。さらに、もう１つあるとすれば、国際分散投資の投資信託だ。例えば、社会人になってすぐに月々の積立額を月五千円にしたとして、年利回りで税金を考慮せずに３％で50年運用し続けた場合、投資金額は三六〇万円でも推定資産額は約９９７万円になる。もちろん、元本割れのリスクがあることを認識すべきではあるが、20代だけがもつ50年という「時間」。これを活かしたポートフォリオとして、金融資産への投資を始めてほしい。

改めて20代を総括すると、**３つの資本・資産の資本のうち、人的資本は、新しく始まった会社一本で、いったん集中投資をしてほしい。**その上で、会社で将来の信頼を勝ち取るために必要な社会資本を育みながら、第三のカーブの産業で期待される知識や経験などの別の人的資本も育む。無理をしない自然な関心に基づきながら、人的資本と社会資本のポートフォリオを育んでほしい。

また、金融資産は、若いからこそ「時間」を武器にした自律分散投資をお薦めする。とにかくこの時代は、自然体で無理そせず、わずかなポートフォリオを組んで、運用を味わってみてはいかがだろうか。

Point

□社会資本は入社した企業でいったん集中投資。そこで人的資本も育む
□無理をしない自然な関心に基づきながら、ポートフォリオを育む
□金融資産は圧倒的な「時間」を武器に、早期少額投資がオススメ

〈30代のポートフォリオの組み方〉

入社して10年目に入る30代。30歳前後で男女共に結婚。その後、第一子を出産。家族が増えて、少し手狭になった借家から広めの家に引越しをするなど、30代のライフは変化に富む。会社では、ある程度の仕事が任され、会社によってはリーダーになる年頃だ。このペルソナを元に3つの資本・資産のポートフォリオを考えるとしよう。

20代から会社で培われてきた人的資本を元にできることが増え、会社から必要とされる頼まれごとも多くなる時期だ。いろんな人と関わり、会社や会社を通じた関係者の社会資本も増える。しかし、専業で勤める会社の人的資本と社会資本だけが増えている状態であるため、この状態では、ポートフォリオが分散されているとは言えない。

しかし、集中した結果、専業の会社からの基本給は上がっていく。忙しい時に無理やり駆り出される30代は会社からは重宝され、残業手当も入る。質素で、大きな買い物をしなければ、ちょっとずつ金融資産も膨らむ頃だ。この頃は、**会社以外の人との交流や自分の趣味にコストを掛けて、ストレス解消をして人的資本の健康を維持することも大切だ。**なぜなら、序章に書いた「近代社会の物語」を思い出して欲しい。ありがとうの先に「お金」があればストレスはかからないが、できて当たり前、できなかったら文句を言われるという環境で働くと、人はモヤモヤしながら働かざるをえないからだ。

人的資本が増え、できることが増えてきたら、専業会社だけに偏らず、時間を決めて効率的仕事をすることを意識してほしい。空いた時間で育んできた人的資本を使っての複業を始めるのがお薦めだ。

まだ**「兼業・副業禁止」の会社に所属しているならば、お金ではなく「ありがとう」をもらえる複業を始めよう**。例えば、広報の仕事をしていれば、知り合いの会社でブログ記事を書くボランティアとしてのお手伝い。仕事では使わないが、英語での会話が好きなのであれば、観光案内のボランティア。営業が好きであれば、気になるNPOで、その組織のサポーター集めなどだ。

30代では、**今までに得た人的資本と社会資本で、自分の資本が会社以外の社会で価値があるかを試すポートフォリオの複業を経験してほしい**。そこには、必ずしもお金という金融資産を貯める利益はなくても良い。複業によって、人的資本と社会資本のストックに対して、ボランティアによる資本の利益、つまり「ありがとう」が再生される世界を経験してほしい。

今の時代、30代の多くはダブルインカムになった。子どもを作るまでは、そんなに贅沢をしなければ金融資産は貯まる。そして、出産。今の時代、男親も女親も一緒に育児。この時期は、ボランティアにうつつを抜かしている場合ではないことが多いかもしれない。

しかし、実は、**育児は立派な複業のポートフォリオの1つと龍太は意味づけている。**育児で培われる資本は、子どもの育て方を学ぶ・教えるという人的資本だ。家族が体調不良になったとき、会社と家庭の中でどのような役割分担をすればいいかといったノウハウでさえも、人的資本と捉えよう！ 子どもが保育園や幼稚園に行くようになると、パパ友、ママ友とも社会資本が形成される。これも龍太に言わせればステキなポートフォリオだ。

30代をまとめると、3つの資本・資産の資本の再生産は、20代までにためた人的資本と社会資本の再生産になる。プロボノやボランティアや育児。たとえお金をもらえなくても、「ありがとう」をもらう複業ができる。そこから、第三のカーブの産業へ繋がる人的資本、社会資本が貯金されていく。

Point

- □社会資本と人的資本は、20代で貯めた資本を使って再生産していく
- □育児もボランティアも立派な複業。社会資本と人的資本が育める
- □子どもが産まれるまでに、金融資産をためておくのがオススメ

〈40代のポートフォリオの組み方〉

人生100年時代を24時間と考えると、やっとお昼前に入る40代。会社に入って20年目に入る年代。一般的に40代は、自分でも人生の形が見えてくると言われている。社会に出てから様々なキャリアを積み、会社で成果をあげて昇進した人もいれば、上司と馬が合わず辛い思いをした人、転勤ばかりの人もいれば、同じ部署という人もいるだろう。

プライベートにおいても、家庭を持つ人もいればシングルの人もいる。引きこもってゲームや映画に浸っている人、外に出て旅行を楽しんでいる人も。育児で七転八倒、子どもの成長を楽しみにしいる人もいれば、ボランティアに精を出している人も。

20代~30代で培った経験によって得られた資本・資産の増減に、良い悪いと感じていることも含めて変化を感じる時代だ。龍太のオススメは、自分のできること、これからしなければいけないことを考える「選択と集中」の時代にすることだ！

仕事環境を変化させる

選択と集中をする際には、資本・資産の再生産のメカニズムよりも、環境に目を向けることが必要になる。環境を変えるだけで、資本・資産をうまくコントロールできることがあるからだ。例えば、転職。他の会社から、自分の金融資産と人的資本の価値を見てもらうことで、会社で培った資本・資産の価値基準とは違う価値に気づくことがある。転職しないまでも、転職サイトに登録するだけで自分の価値を判断できる。龍太は登録したことはないが、失うものはないので、登録をしてみても良いだろう。

また、転職はしたくないけれど、自分の価値を確かめて収入にしたい人は、今の会社を辞めずに、お金を得る複業の選択肢がお薦めだ。インターネットを使えば、たくさんの複業を簡単に選択できるので、専業の会社の評価軸と別の会社の評価軸がわかるだろう。

例えば、自分の知識を世の中に提供できる「ストアカ」(https://www.street-academy.com/)を使えば、誰しもが、自分のスキルを周りにシェアできる。自分の人的資本を試す良い機会になる。または、スポットコンサルで有名な「ビザスク」(https://visasq.co.jp/)。ストアカは、自分のスキルを抽象化して多数に教えられる形にする必要があるが、ビザスクは自分の経験を登録し、そのまま具体的な経験を教えるだけですむ。抽象化を考える必要がないので気軽に始められる。龍太は、農業ビジネス経験、ビジネス立ち上げ経験や複業経験を登録して、いくつかの案件で人的資本の価値の確認と、金融資産とまでは呼べないがお金という収入を獲得している。

暮らしの環境を変化させる

暮らしの環境に目を向ける方法もある。子どもの成長を考え、会社は変えずに都会ではなく通勤可能な田舎に引っ越す選択肢。この選択はお薦めだ。なぜなら、田舎は自然が多く「健康」という人的資本が安定もしくは、増収する。家族と接する時間が増え、家族という社会資本も強化される。金融資本的には、物価が低い田舎では、もらっている給料のお金の価値が相対的に高まる。

さらに、田舎だからこその地域との繋がりもできる。困っている人や会社に遭遇する確率は都会より大きい。田舎にとっては、都会で働いてきた人的資本と社会資本は魅力的だ。その資本を提供し「ありがとう」をもらう貢献感が得られる。龍太は、東京から1時間半の千葉県印西市に住んでいる。周りに畑や田園地帯が広がる田舎。その地元で義父が作ったお米を龍太の人脈・営業力で、多い年には、年間1．2トンを販売したこともある。

結果として得られた物はお金だけではない。インターネットを使ってお米を販売・出荷するノウハウや知的資本の確認や、この業務を通じた人脈、社会資本の確認をしていることに気づくことができた。場所という環境を変化させるだけで、会社を変えることなく、専業だけではない新たな複業のポートフォリオを得ることもできる。

様々な地域で今の40代でこそ選択できる環境がある。別の言い方をすると、近代社会の物語における第一のカーブ「金銭的成果が評価の基準となる」産業・地域と、第三のカーブ「貨幣額成果以外の多様な評価基準と動機づけも考慮される」産業・地域の両方を持っている複数の環境で、3つの資本・資産を育む方法は、どうだろう。

40代をまとめると、20年間貯めてきた3つの資本・資産を会社や居住など環境を変化させて、新たな資本・資産の価値を相対的に大きくしながら、お金も含めた3つの資本・資産のポートフォリオの実績を作っていく時期だ。家族や知人と夢を語るだけでも楽しい。

Point

- □20年間貯めてきた3つの資本・資産を再生産しながら「選択・集中」する
- □仕事や暮らしの環境を変えて、自分の資本・資産の価値を確認する
- □お金も含めた3つの資本・資産のポートフォリオの実績を作っていく

〈50代のポートフォリオの組み方〉

サザエさんの波平さんや舟さんが50代というのはご存じだろうか？ 連載が始まった1946年（昭和21年）は定年が55歳だった。平均寿命は男性50.06歳、女性53.96歳。定年が

寿命とほぼ同じで、専業の会社を定年退職すると人生の終焉も迎えるという、今では想像できない時代だった。

一方、現代の50代を見ると、波平さんや舟さんに比べると若々しい。それはそうだ！　厚生労働省が２０１９年７月30日に公表した資料によると、２０１８年の日本人の平均寿命は男性81.25歳、女性は87.32歳で過去最高を更新した。

しかし、約30歳も寿命が長くなったにも関わらず、社会のシステムは１９９４年に定年が５年延長され60歳に義務づけられて以降、何も変わっていない。龍太は、それ自身が良い悪いとは思わないが、大企業に勤めている社員と中小企業に勤めている社員では、契約社員やパート社員も含めて60歳後の会社との関係は違うらしい。大企業では、60歳で退職もしくは定年延長で嘱託社員として65歳まで働くケースが多く、中小企業では人材不足による雇用延長で、そのまま社員として働くケースが多いという。

それを見据えての50代。家族環境は、子どもがいれば大学生に上がり、社会人として旅立っていく年代。親がいれば80代。介護が始まる頃。さて、どんな時代を過ごせばよいか。龍太自身がこの50代。自分事だ。

3つの資本の変数となる体力と健康

この時代に考えなければならないのが、なんと言っても体力・健康だ。龍太は、そんなに運動は好きではないが、40代は無理が効いた。出張のときには、早朝移動、日中仕事をして、夜中に自宅に戻り翌日も朝5時半に起きて会社に出勤する。それが、週に2回続いても、あまり苦にならなかった。しかし、50歳の中盤になると、翌日に疲れが残る。体力の低下を感じた。もし、この体力・健康という人的資本がなくなるとどうなるか想像してみよう。知識や技能などのスキルという人的資本は使える機会がゼロになる、もしくはゼロにならなくてもかなり限定されるだろう。

第一章の「資本の再生産」で説明した社会資本の再生産の計算式「元本（関心の関係集団）×利率（人的資本×関心度）×時間」を思い出して欲しい（58p）。人的資本の変数が限りなく小さくなると、社会資本も再生産できなくなる。金融資産も病院に入院したり治療費に使われたりして、消耗していく。つまり、体力・健康がなくなると、すべてがなくなるという物語を想像できる。

したがって、3つの資本・資産の変数である体力・健康を維持、増強をする時間をつくることをお勧めする。龍太は、スポーツはあまり好きではないが、今年から、夜に人と会う食事をする社会資本を育む時間を減らし、毎日、最低でも30分歩くことを続けている。三日坊主の龍太は、この3つの資本・資産の棒グラフの理想をイメージしていると、続けられている。今まで、できなかったのが嘘のようだ。

3つの資産・資本を再確認する

50代に必要なことは、**20代から育んできた3つの資本・資産の再確認だ。**まずは、わかりやすい金融資産から説明しよう。

銀行の普通預金、定期預金。金融資産として忘れがちな年金。誰もが払っている国民年金と、会社員が加入している厚生年金だ。そして、人によっては違うと思うが、退職金、確定拠出年金、生命保険証券商品、不動産など、どれくらいあるのか金融資産のポートフォリオをリストアップしておこう。また、もし可能ならば、親の金融資産も確認したい。資産だけでなく、負債があるかもしれない。

次に人的資本である自分の知識・技能について再確認していこう。会社1社、一途の専業会社で培った知識・技能、また、転職や複業で貯めた知識・技能を書きだそう。暮らしの中で育まれる趣味やお手伝いできる知識・技能もだ。例えば、子どものサッカーを教える技能や、家電製品が壊れたら直せる技能、欲しいものをネットで安く手にいれる技能、そういったものが、人的資本のポートフォリオだ。

残る社会資本のチェックは、生まれた時からのつながりで確認していくとわかりやすい。親、兄弟姉妹、親戚の関心・つながりはどうか？ 幼児期、小学校、中学校、高校、大学、学生時代の関心・つながり、社会人の時代での会社、気の合う仲間、コミュニティーのメンバーとの関心とつながりなど、どれくらい多様な人たちと関心とつながりを持っているかを確認しよう。また、リアルだけでなく、ネットでのつながりも確認しよう。

一度、今、自分が関心を持っている人を数人あげて見ると良い。その人の先にどんな人たちが繋がっているのか。違うメンバーほど、多様性に富んでいるポートフォリオを持っていると言えよう。例えば、関心のある人を数人あげたとき、それぞれの人たちのつながりがほぼ同じであれば、単一のポートフォリオと考える。

龍太の場合、まずは農業を営む義理の両親、一人はサイボウズの青野慶久さん、もう一人は、この本にも登場した甲府に住んでいる友人の井上文人さん。それぞれの持っているつながりは、ほぼ重ならない。複数のポートフォリオだ。

足りない資本を再生産しよう

さて、人的資本と社会資本を確認していく上で大切なことがある。60歳以降、もし会社や住居などの環境が変わった時を想定してみて、現在持っている資産が、再生産するために必要になる人的資本、社会資本になっているのかを妄想をしてみる。

また、近代社会の物語における第一のカーブである「金銭的成果が評価の基準となる」産業・地域と、第三のカーブである「貨幣額成果以外の多様な評価基準と動機づけも考慮される」産業・地域の環境、どちらにどの程度の比率で活動していきたいのかも検討しよう。軸足を置く環境の中で、今の資本・資産は足りているのか、足りていないのかを考えてみる。

それすらもわからず、なんとなくモヤモヤモヤモヤとしてしまったと言う人へのアドバイスは、実はモヤモヤすることも大切だということだ。そのモヤモヤしている原因を確かめるために、思考を投資してみてほしい。そして、**足りない資本があるのであれば、今の資本・資産を使って再生産しておくことがこの年代でやるべきことだ。**

龍太は、自分で資本・資産を確認してみた結果、若い人との社会資本を再生産することにした。第三のカーブ「貨幣額成果以外の多様な評価基準と動機づけも考慮される」新しい価値観を持っている人たちから学びたいと考え、積極的に、小学生から自分より若い40代までの人たちとコミュニケーションをとる時間に投資している。決して教えるわけではなく、一緒に学び合う関係がとても楽しい！

Point

□ 3つの資本・資産の変数である体力と健康を大切にすること
□ 20代から育んできた3つの資本・資産の再確認する
□ 足りない資本を再生産するための行動をしていこう

ここまで、20代、30代、40代、50代とオススメな複業のポートフォリオを説明してきたが、100人いれば、100通りの人生、働き方がある。それぞれ説明したポイントをその年代で行う必要はない。例えば、50代で資本・資産を確認するといったことは、何も50代でする必要はない。気になった時に、目に見える形で表現してみる。40代で環境・住居を変えるといったことも40代でする必要はない。20代で試しても効果的だ。

龍太の経験で3つの資本・資産の見方の例を主張してきただけにすぎない。読者の皆さんが、どんな見方をするのかは、自分自身次第だ！

第3章
複業に向けて、自分の関心を見つけよう

この章では、複業を始めたい人に向けて、自分の関心の見つけ方を紹介したい。龍太が実際に試してみて、自信をもって紹介できる次の3つの方法を紹介する。

❶ AS-IS↓TO-BE
❷ Will Can Must
❸ ワークグラム

AS-IS→TO-BEを考えてみる

龍太は、マイクロソフト時代に、マネジャー職で何度も挫折を経験する。最初の挫折の時は、当然、マネジャー職は外され平社員に。人を信じられない、自分も信じられない、うつ病寸前まで経験した。

そもそも、龍太は内向的。コミュニケーション力がない上に、人に基本的に興味がない、人を世話することもない。さらには、自分でやらないと気が済まない性分で、人がやる細かなことが気になってしまう性質だ。

そんな龍太でも、2度目のマネジャー職の機会がやってきた。今度は失敗しないように頑張っていた龍太がいた。しかし、自分でやっているマネジャー職にまったく自信がなかった。そんな頃、マイクロソフトで、マネジャーに対してのキャリアコンサルサービスが開始された。とにかく仕事が毎日不安の塊。すがるような思いで、このサービスを志望した。龍太が、43歳の頃だ。

このとき出会ったのがキャリアコンサルタントの味岡律子さん。マイクロソフトの多くのマネジャーを受け持っていた。そこで、宿題に出されたのがキャリアプランのシートだった（図

3－1）。初めて書くことばかりだが、味岡さんから、そこまでする人はなかなかいないと言われるほど、真面目に取り組んだ。

〈キャリアプランシートの書き方〉

AS-IS

❶自分の性格・思考の棚卸をする

❷自分の今までの経験でできることを書く

TO-BE

❸将来の時間軸を決めその時にありたい姿を書く

❹将来の理想に対して今をみた時に足りないものを、どんな場面で、どう身につけていくかを言語化する

図3-1：キャリアプランシート

Carrier Plan

過去

将来

〈経験による得意分野〉

（　歳）

（　歳）

〈性格・思考〉

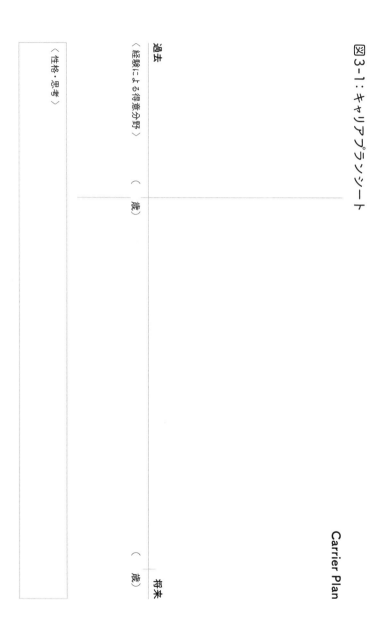

龍太43歳のキャリアプランシート

２００７年から始まり、一年に一度、現在のＡＳ‐ＩＳから未来のＴＯ‐ＢＥが描かれたキャリアプランシートを共有しながら面談をした。２００７年、龍太が43歳の時のキャリアプランシートを紹介していく。

まず、〈性格・思考〉欄に、様々なアセスメント（評価ツール）で表現された自分の性格や思考をまとめる。キャリアアンカー、学習スタイル、コミュニケーションスタイル（タイプ診断）の３つを導きだした。それぞれ、キーワードをインターネットで検索すると簡易診断できるサイトが見つかるので、読者の皆さんはそちらを活用して欲しい（図３‐２）。

キャリアアンカーとは、アメリカの組織心理学者であるエドガー・シャイン博士が提唱したキャリア理論で、個人がキャリアを選択するときの軸となる、最も重要度の高い価値観や欲求を示す。キャリアアンカーには、どんな風に働きたいかの価値観に分類した８つの要素（管理能力、技術的・機能的能力、安全性、創造性、自律と独立、奉仕・社会献身、純粋な挑戦、ワーク・ライフバランス）がある。龍太は「創造性」であった。

学習スタイルの分類は、能動的実験、具体的実践、抽象的概念、熟考的観察の４つ。龍太の学習のスタイルは、とりあえずやって学ぶという「能動的実験」だ。抽象的概念の人に、何かをお願いするとき、しっかりとした説明ができなく「まずはやってみようよ」といった能動的実験的な話をして、その人にモヤモヤを抱かしながら、仕事をしてもらう状況があることをここで認識した。

コミュニケーションのスタイルについては、コントローラー、プロモーター、サポーター、アナライザーの4つの分類のうち、サポーターと認識された。サポーターは、その名の通り、人を支援するコミュニケーションを取るタイプだ。ガンガン、人をコントロールするようなマネジメントができない自分を認めることができたと同時に、どうやって自分の上司から言われたことを部下にお願いするのか、マネジャーのイメージがつかなかった。さらにややこしいのは、人によって、感情を表に出しやすいプロモーターにも変身するようである。マネジャーとして二重人格的なコミュニケーションは、あまり良いようには思えなかった。

図3-2：龍太43歳のキャリアプランシート 下段

過去

〈 経験による得意分野 〉　（43歳）

- Start up/Emerging Business
- Cross Company Initiative
- Partner Mgmt, Small, Mid Business
- Marketing, Sales
- Field

〈 性格・思考 〉
- キャリアーアンカー：新価値創造＝社会派（コーチからの視点も加味）
- 学習スタイル：積極的な実験を指向
- コミュニケーションスタイル新価値創造＝社会派（コーチからの視点も加味）
- 学習スタイル：積極的サポーター、アナライザー
（他人からはアナライザーではなくプロモーター）

さて、その性格や思考をレイアウトの土台としながら、その上に描かれるもの、それが、AS-IS、TO-BEだ。横軸を左から右に、現在から描きたい未来の時系列軸、縦には獲得した、または獲得したい経験やスキルの軸だ。そのスペースの中の左下には、今まで獲得してきたスキルや得意なものを書く。具体的には、第2章で書いた3つの資本・資産の中の人的資本の中身だ。

右上には、目指したい自分を記載する。ここがポイント。龍太はこの時期を50歳と設定し、「IT企業の育成を支援したい」と書いた。なぜ、50歳と書いたかというと、マイクロソフトに定年までいるという感覚はなく、7年後にどんなところで働いているんだろうかと、ぼんやりと思っていただけである。今まで、マイクロソフトを巣立っていく先輩の方々をみて、マイクロソフトで獲得してきた経験とスキルを持っていれば、IT企業に転職できるんだろうくらいな軽い気持ちだ。そのために必要なスキルとは何だろうか（図3-3）。

まずは、その時期、パートナー営業のマネジャーをしていたAS-IS（経験による得意分野）を起点にして、今後、欲しいスキルを描いた。マイクロソフトでは、当時、各階級、職種ごとに必要なスキルを書いたドキュメントがあった。プリントアウトすると、1センチ以上にもなるドキュメントを読み込み、出てきたのが「統合マーケティング能力」のスキルアップだ。

また、馬が合わない上司との関係性を和らげてくれた外部で受けたコーチングも役立った。

馬が合わない上司は、いくらでもいるので、そのスキルがつくと役に立つと思い「コーチングの経験」を書いた。このように、AS-ISからキャリア開発項目を描いていく。

今度は、TO-BEから下ろしてくるキャリア開発項目を描く。「IT企業の育成を支援したい」という目標をあげた時に、やはり、組織のマネジメントスキルが必要と考え、苦手だけど、興味がないけれど「組織作り、チームビルド経験」を書き込んだ。

また、この書き込んだ一枚のシートを改めて振り返ったときに、実は、体裁を整えただけで、あまり腹落ちしているものではなかった。その説明を味岡さんにする。つぶさに聞いていた味岡さんからのフィードバックは的確だった。「IT企業の育成をするってどんな人のイメージですか？ 目指したい人間像に近い人に積極的に会って、もっと具体的にした方がいいですよ」と。

確かにそうだ。目指したい人物像が不明瞭だ。さっそく、NEC時代の第一線を知りぞいた上司やパートナーの役員、そしてイメージできる本を読むことを行動目標としておいて、実際活動をしていた龍太を思い出す。

この時にTO-BEとして書いた、目指したいものは、「IT企業の育成を支援したい」だが、本当に何も考えていなかった自分が恥ずかしい。でも、ここで書き起こしたことが、この後、自分の思考や行動を起こすきっかけになっている！

図3-3：龍太43歳のキャリアプランシート 上段

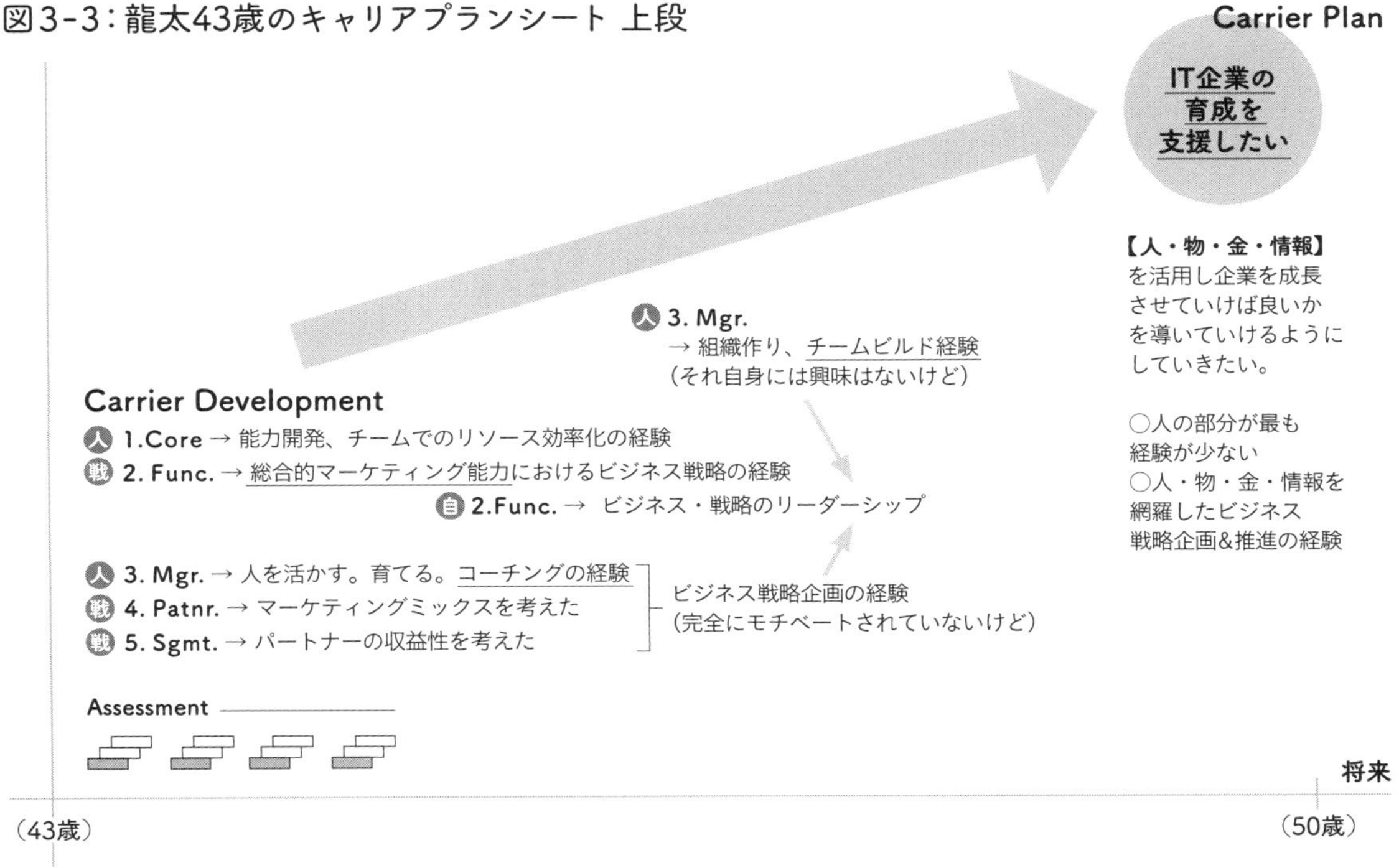
Carrier Plan
IT企業の
育成を
支援したい
【人・物・金・情報】
を活用し企業を成長
させていけば良いか
を導いていけるように
していきたい。
○人の部分が最も
経験が少ない
○人・物・金・情報を
網羅したビジネス
戦略企画&推進の経験
人 3. Mgr.
→ 組織作り、チームビルド経験
(それ自身には興味はないけど)
Carrier Development
人 1.Core → 能力開発、チームでのリソース効率化の経験
戦 2. Func. → 総合的マーケティング能力におけるビジネス戦略の経験
自 2.Func. → ビジネス・戦略のリーダーシップ
人 3. Mgr. → 人を活かす。育てる。コーチングの経験
戦 4. Patnr. → マーケティングミックスを考えた
戦 5. Sgmt. → パートナーの収益性を考えた
ビジネス戦略企画の経験
(完全にモチベートされていないけど)
Assessment
将来
(43歳)
(50歳)

龍太48歳のキャリアプランシート

約5年の時が過ぎ、2012年のキャリアコーチングを迎えた。自分が目指したい人にも会い、自分のロールモデルを探していた。しかし、何人もの諸先輩にお会いして話を伺ってみたが、なんとなく龍太が思っている人物像には出会えない。そんな中で、2012年のキャリアプランのシートを味岡さんに見せた。それは、お粗末なものだった（図3-4）。

右上の55歳の理想には「実際のIT企業の一員として経営に携わり共に成長したい」と記入したが、2009年に考えていた言葉とそんなに変わっていない。しかも、その理想を達成するために必要な経験やスキルの人的資産やキャリアに「？」と記入したほど、何も浮かばない状態だった……。

マイクロソフトで、学べるものはないのか⁉と思っていた自分がいた。ただ1つ、些細なことだが言葉の変化は感じていた。諸先輩にお目にかかり、自然に出ていた言葉、それは「支援したい」から「共に成長したい」と変化した言葉だ。単に、自分の今まで培ったスキルを使って企業を支援するだけではなく、自分のスキルや経験を通じて一緒に学ぶことをしたいと認識していた自分がいた！

この年、毎年面談をしていただいている味岡さんから「そもそも、龍太さんのしたいことは1つですか？」と、思いもよらぬ問いをいただいた！　この問いへの回答が次回面談までの宿

図3-4：龍太48歳のキャリアプランシート①

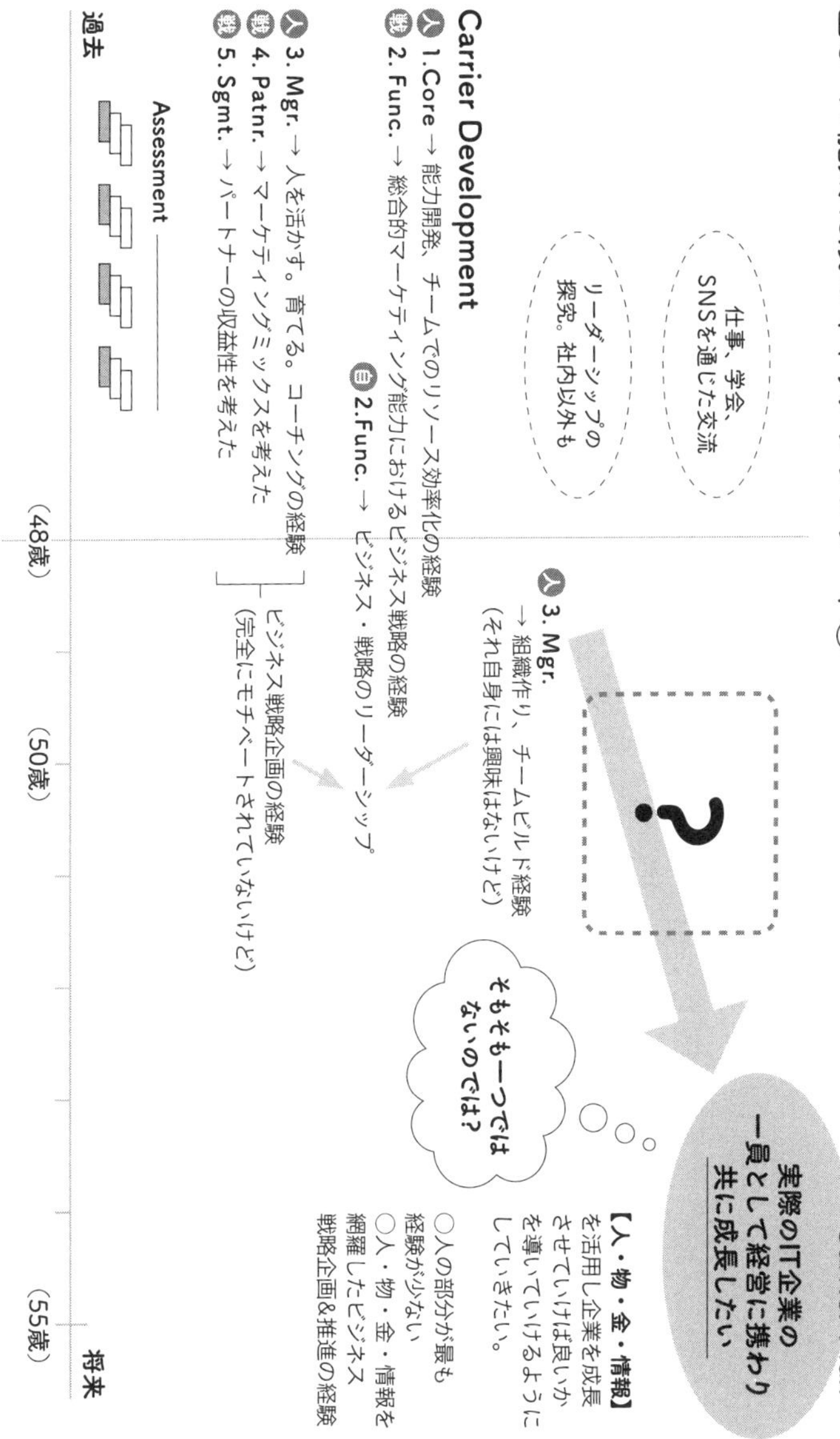
仕事、学会、
SNSを通じた交流
リーダーシップの
探究。社内以外も
Carrier Development
人 1.Core → 能力開発、チームでのリソース効率化の経験
戦 2. Func. → 総合的マーケティング能力におけるビジネス戦略の経験
人 3. Mgr. → 人を活かす。育てる。コーチングの経験
戦 4. Patnr. → マーケティングミックスを考えた
戦 5. Sgmt. → パートナーの収益性を考えた
Assessment
過去
（48歳）
（50歳）
（55歳）
将来
自 2.Func. → ビジネス・戦略のリーダーシップ
人 3. Mgr.
→ 組織作り、チームビルド経験
（それ自身には興味はないけど）
ビジネス戦略企画の経験
（完全にモチベートされていないけど）
?
そもそも一つではないのでは?
Carrier Plan
実際のIT企業の一員として経営に携わり共に成長したい
【人・物・金・情報】を活用し企業を成長させていけば良いかを導いていけるようにしていきたい。
○人の部分が最も経験が少ない
○人・物・金・情報を網羅したビジネス戦略企画&推進の経験

題となった。「自分は何がしたいんだろう?」と自分に問いかけてみるも、何も出てこない。しかし、「したい」ではなくて、「興味がある」「関心がある」ことがいくつかあった。その中で、言語にできたものが次の5つだ。

❶中堅・中小IT会社のマネジメント支援
❷大学・ビジネス専門学校などでの経営分野の研究
❸新しい農業ビジネス
❹中等教育における先生・生徒へのITリテラシー教育
❺地方でのビジネスプロデューサ

❶以外は、直接マイクロソフトの仕事に関係ないものばかりだ。❷は、今の龍太の仕事が、どんな学術的な分野と関係づけられているのかに興味を持っていたこと。すでに、経営情報学会のある部会の会合には顔を出していた。発言するというよりは、「僕がやっているこういう活動は、この経営モデルに当たりますか?」と質問をしていた自分がいたことを思い出した。

❸は、どうだろう。農家である嫁の実家での生活を通して、目の前に畑、近くに田んぼを目にしながら「どんな面白いことができるのかな?」と思う自分だ。マイクロソフトの社員とそ

の家族が田植えと稲刈りを体験することは、2005年くらいから行ってきた。栽培だけではない価値を妄想していた。

❹は、社会に対する諦め感から出てきたものだ。高校時代からパソコンに興味を持って、仕事にしてきた龍太は、パソコンやスマホを利用すると自分の仕事や生活が楽になることを知っている。しかし、いつまでたっても紙文化がなくならない。もう大人に、啓蒙しても社会は変わらないのだとすれば、未来の大人に自分の経験を共有したいと思った。

すでに、自分の出身高校に併設されている中学に、パソコンを使った動画の編集方法を教えるボランティアをしていた。龍太には想像できないくらい面白いムービーが量産されているのをみてテンションを上げていた自分がいた。そこから妄想された関心だった。

❺は、地方育ちの龍太から生まれた。都会に対して、地方の役割や魅力があるはずだと根拠もなく思う龍太。徳島県、神山町で出会ったグリーンバレーの大南さんは、とても生き生きしていた。そんな生き生きしいている理由が、何かあるに違いないと考えた。

しかし、これら5つの理想は、当時、龍太が携わっていたOffice 365の立ち上げには、直接関わってなかった。どんな経験をマイクロソフトで得るのがよいのだろうか。地方で生まれたが、地方経験がなかったので、思い切って「営業所勤務による地方経験」と設定し、上司に単身赴任でよいので、ポジションがないかと相談。実際に行動に移した龍太がいた！　しかし、その時は、残念ながら、その機会はなかった（図3-5）。

このキャリアプランを描いたことによって、**自分が勝手に会社に関係することだけしか書いてはいけないと思っていた呪縛から解放された。**味岡さんとの面談はこのことを気づかせてくれた時間だった！　おそらく、読者の中でも、この呪縛に気づかず進んでいるキャリアプランは多くありそうだ。

最後に、龍太がこの数年間、キャリアを考える上で学んだことをまとめよう。未来は予想できないが、まずは、①今の自分と持っている資本のAS-ISと、②未来の自分の姿であるTO-BEと、③TO-BEを達成するための経験やスキルを考えてみることだ。

しかし、過去の自分を言語化できた今の龍太に、「70歳のキャリアプランを書いてみなさい」と問いかけてると、「ん？、70歳のありたい姿が書けない……」と言葉が詰まる、そんな龍太だ。

それもまた良し！　全部書けなくても書けるところだけで十分だ。書けている、書けていないところが、それが今の自分。その穴あきだらけの自分を一枚で表現してみることは、無駄なことではない。ぼちぼち、70歳の龍太を妄想してみるか！

図3-5：龍太48歳のキャリアプランシート②

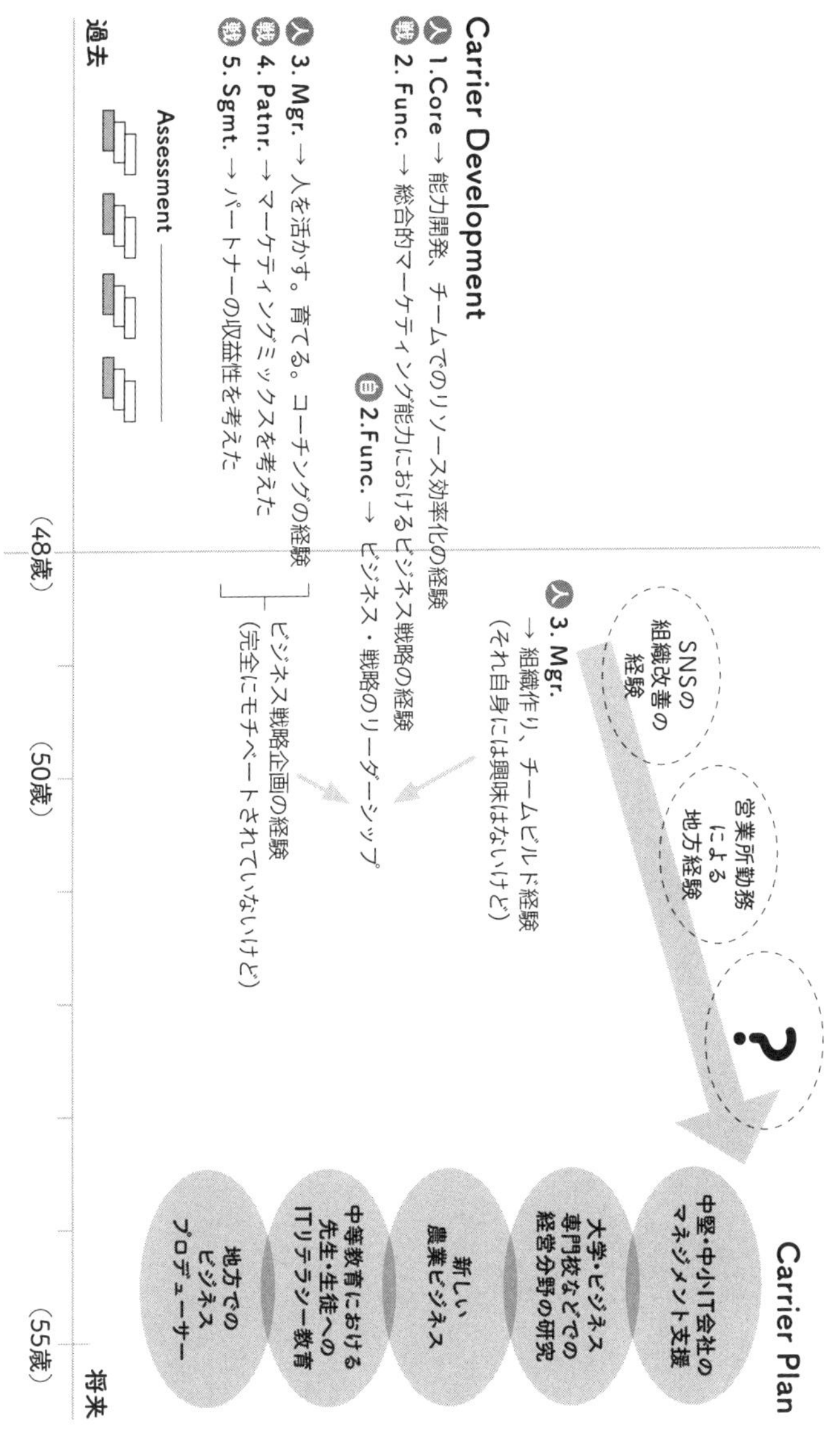
Carrier Development
人 1.Core → 能力開発、チームでのリソース効率化の経験
戦 2. Func. → 総合的マーケティング能力におけるビジネス戦略の経験
人 3. Mgr. → 人を活かす。育てる。コーチングの経験
戦 4. Patnr. → マーケティングミックスを考えた
戦 5. Sgmt. → パートナーの収益性を考えた
Assessment
自 2.Func. → ビジネス・戦略のリーダーシップ
ビジネス戦略企画の経験
（完全にモチベートされていないけど）
人 3. Mgr.
→ 組織作り、チームビルド経験
（それ自身には興味はないけど）
SNSの組織改善の経験
営業所勤務による地方経験
?
2013/03/03 Update
Carrier Plan
中堅・中小IT会社のマネジメント支援
大学・ビジネス専門校などでの経営分野の研究
新しい農業ビジネス
中等教育における先生・生徒へのITリテラシー教育
地方でのビジネスプロデューサー
過去
（48歳）
（50歳）
（55歳）
将来

Will Can Mustで見つけるハッピーセット

Will、Can、Mustの3つの円と出会ったのは、サイボウズに入社後の研修の時だ。サイボウズでは、この3つの円を「モチベーション創造メソッド」と呼び、ハッピーセットと言っている（図3-6）。

これは、自分のキャリアを整理するフレームワークだ。やり方は簡単。Willは「やりたいこと」、Canは「できること」、Mustは「やるべきこと」。3つのキーワードをもとに、ぜひ、自分で書いてみて欲しい。

サイボウズの研修では、Can（自分ができること）と、Must（会社からやるべきこと）が重なっていることで、会社からお給料がもらえていると教えている（図3-7）。

初めて知った当時は、特に腑に落ちることなく聞

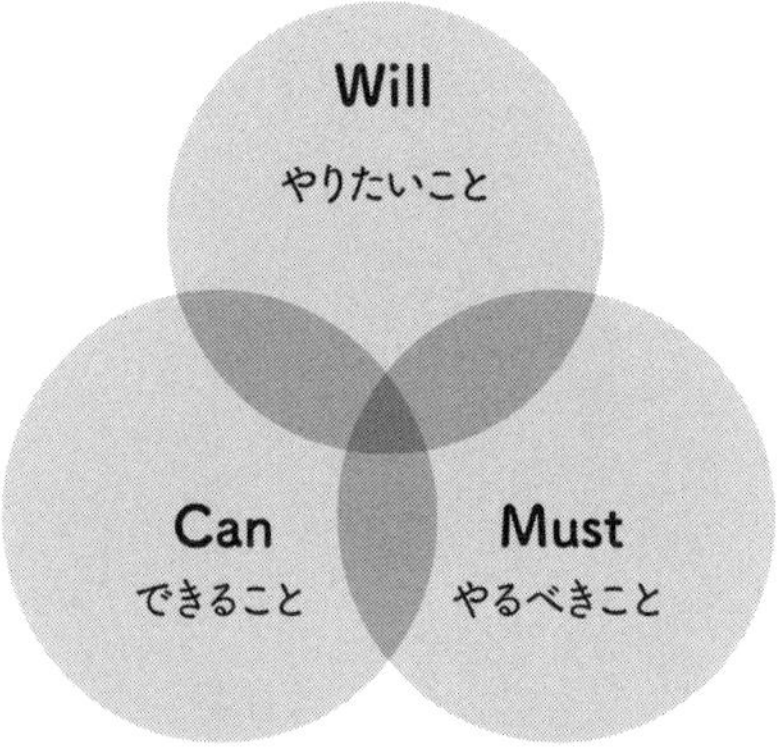

図3-6：Will、Can、Mustの
モチベーション創造メソッド

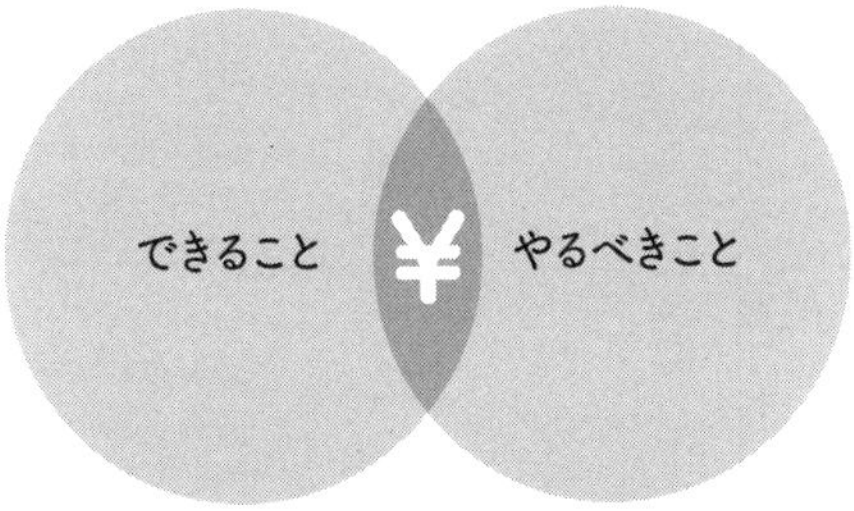

図3-7：
給料はCanとMustが重なる価値で発生する

き流していたが、一年くらい経ったとき、自分の複業を講演する時に、この3つの円をふと思い出した。自分のAS-IS→TO-BEのキャリアプランでいくつかの時代で書いてきたものを、時代ごとにハッピーセットに落とし込むとどうなるのか？ そんな問いが頭に浮かび、どんな感じで円が重なり、どの円がどのように作用して円を変化させてきたか、とても鮮明に描けるのが面白くて思考を深めていった。

今では、仕事旅行社のミニセミナー「一人1つの会社だと誰が決めた！マルチワークから考える自分らしい生き方入門！」のコンテンツとして使わせてもらっている。「仕事散歩」をテーマに集まった参加者に、必ず披露するようになった。

〈3つの円をどのように使うのか？〉

この3つの円は、自分のキャリアの整理に使うだけではなく仕事の中でも使える。あなたが上司で、部下から「自分は、こんなにスキルや仕事をしているけど、なぜ、給料が低いのか！」

と言われたとしよう。このCanとMustの2つ円を書きながら、「あなたに期待しているやるべきことはこれなんだ」とMustの円の横に箇条書きで書く。次に、部下のできている仕事をCanの横に箇条書きで書いていく。円の大きさや重なり具合を書いては修正しながら、目視で確かめていこう。部下のできることのCanが大きくても、会社が期待している仕事の領域であるMustがCanとほとんど重ならない、などに気づくことができる。

そして、最後のWill。サイボウズの研修では、このやりたいことがCanとMustに重なっていると、やる気が出て、ハッピーになることを教える。この領域が、まさにハッピーセットだ！（図3-8）

図3-8：ハッピーセット

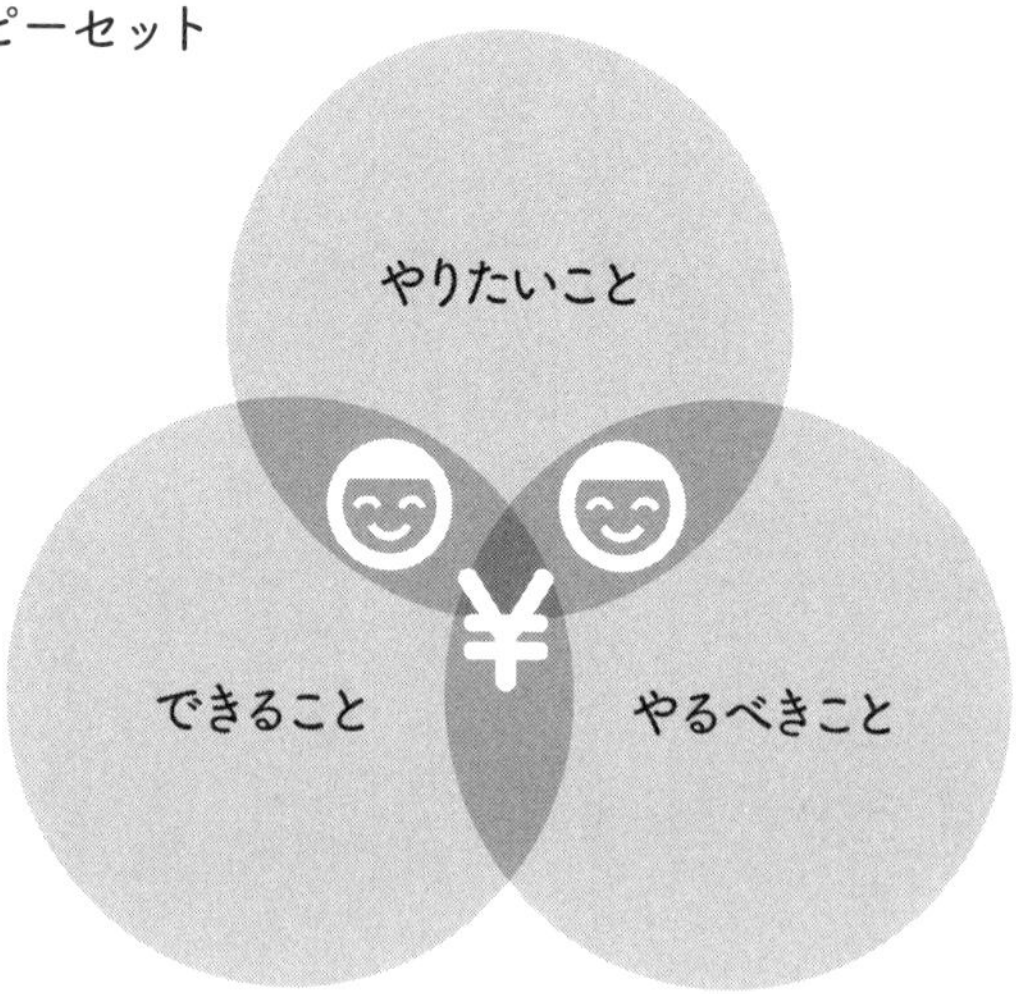

龍太48歳のハッピーセット

しかし、自分のやりたいことと自分のできること、会社から求められるやるべきこと、この3つが重なることは少ない。龍太の最後のマイクロソフト時代がそうだ。次の表を見ていただきたい。図3-9が2013年ごろに、キャリアコンサルタントの味岡さんに、フィードバックを受けて、自分に興味があったことを5つ列挙した頃のハッピーセットだ（図3-9）。

この頃の龍太は、興味のない管理職を辞め、担当者としてマイクロソフトのOffice 365の立ち上げに没頭していた。今まで培ってきた人的資本である自分のできることは、スタートアップビジネス、パートナーマネジメント、中小中堅企業マーケット、社内横断的なプロジェクト、マネジャーよりも担当、マーケティングと営業

図3-9：2013/03/03 ハッピーセット

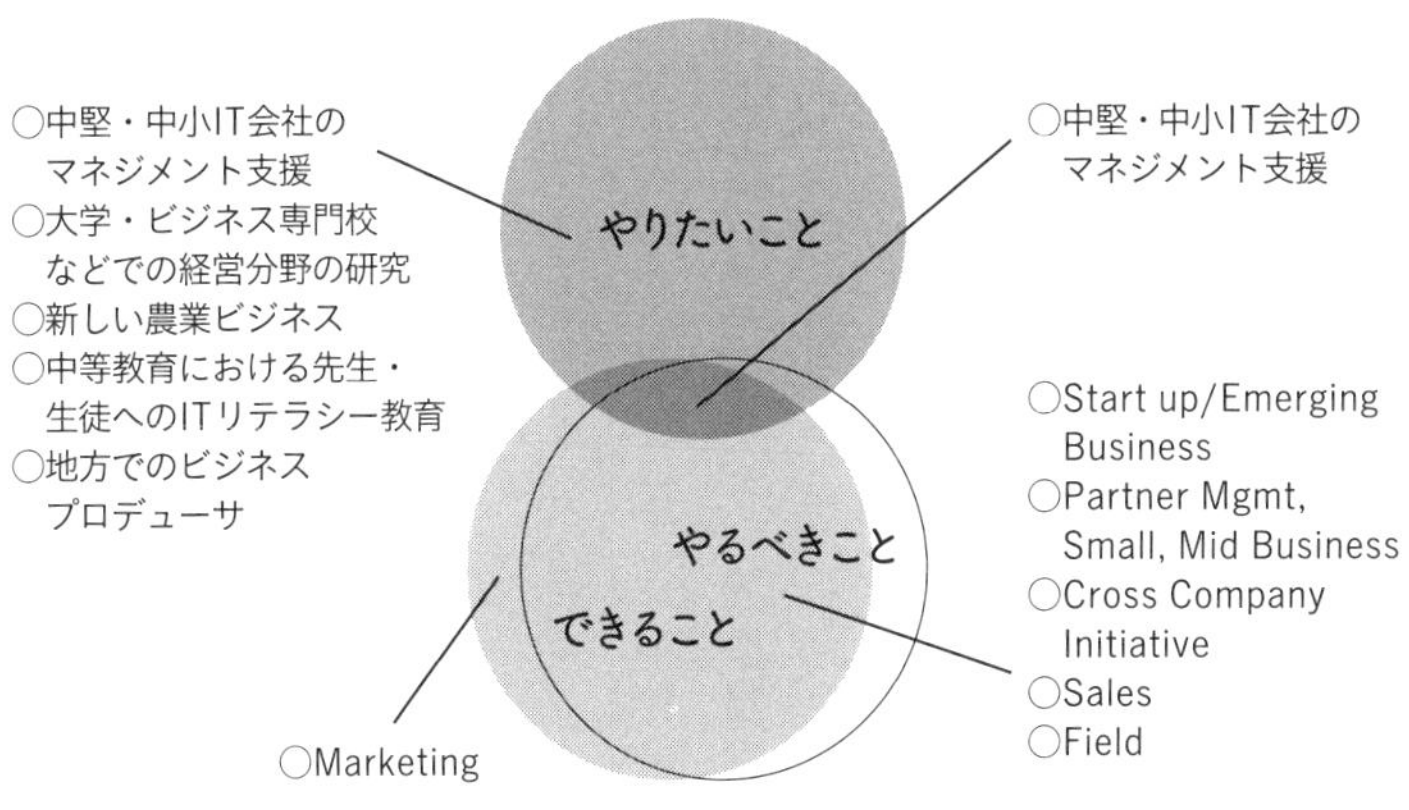

マイクロソフト（シニア市場開拓セールス：後半）

だ。この時期、ＣａｎとＭｕｓｔの重なり具合は、ほぼ同円。使っていないスキルがマーケティングだった。先ほどの論理でいくと、ＣａｎとＭｕｓｔが重なったお金がもらえる円のカタチになっている。事実、マイクロソフト時代の中でも最高のお金という報酬をいただいた時の円だ。

しかし、このときのやりたいことは、中堅・中小ＩＴ会社のマネジメント支援、経営分野での研究活動、新しい農業ビジネス、学校の先生や生徒へのＩＴリテラシー教育、そして、地方でのビジネスプロデューサーだ。マイクロソフトの仕事とは、中堅・中小ＩＴ会社のマネジメント支援以外は、ほぼ重ならなかった。やりたいことがあっても、マイクロソフトの仕事で精一杯だった！　しかし、こういった3つの円が、会社員には一般的で珍しくないと推測する。

複業を始めてからのハッピーセット

直近の複業の三重就労の3つの円、ハッピーセットはどうだろう（図3-10）。特徴的なのは、3つの複業でやるべきことがほぼやりたいことと重なっているところ。サイボウズでやるべきことがやりたいことと重ならなければ、ＮＫアグリやコラボワークスでやりたいことができるようデザインした。時間を上手にマネジメントして組み合わせたこのすり合わせは、神業かもしれない！

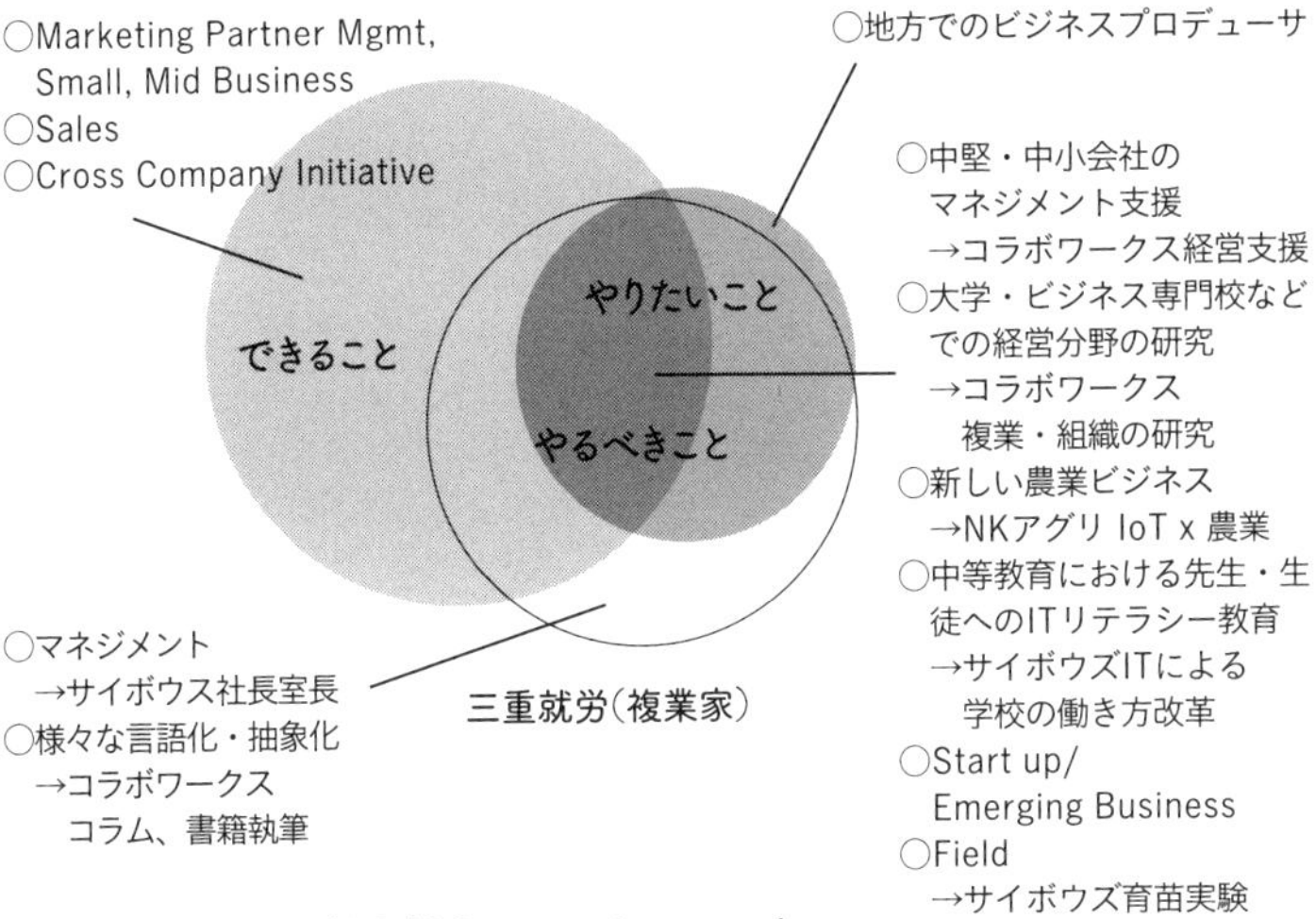

図3-10：2019/09/28 ハッピーセット

もう1つ、やるべきことが、できることになっていないのも特徴だ。サイボウズのＩＴによる働き方改革は、やりたい龍太はいるが、まだ前途多難、プロジェクトの途中だ。さらに、できることではなく、積極的にやりたいわけでもないスペースがある。それは、自分にとって最も大きな課題でもあるサイボウズでの社長室のマネジメントだ！

マイクロソフト時代にいくつも座礁し、苦手としてきている役割だ。サイボウズのチームワークあふれる風土で、龍太らしいマネジメントができるかもしれないと考え、龍太の「ワクワクな実験好き」というやりたいことで、モチベーションをなんとか確保している龍太がいる。そう！　これが、サイボウズのモチベーション創造メソッドとしての使い方だ。

〈ハッピーセットをモチベーション創造メソッドとして使う〉

少々説明をしてみよう。例えば、ある小学生の男の子が、先生から窓の掃除をしてくださいと言われる。彼にとって、その掃除が「やるべきこと」だが、掃除が嫌いで「できないこと」だとしよう。その時、どうやって掃除にやる気を持たすか。

それは、やりたいことに紐付けること。例えば、彼が様々な道具を使って、いろんなことを、早く、楽に、効率的に行う方法を見つけることが好きだとすれば、ネットで調査して道具を手に入れ、掃除をやってみればいい。こうすれば、掃除は彼にとって意味がまったく違なるものとなる。彼にとってもはや、掃除をしているとは思っていないかもしれない。新しい道具の使い方を研究することの手段として掃除を位置付ける。このように、できない・やりたくないことを、やりたいこと・好きなことに紐づける。

龍太は「ワクワクな実験好き」という「やりたいこと」で、社長室の組織をマネジメントしている。チームワークあふれる社会課題解決のプロジェクトの成功にむけて、メンバーのプロセスや条件を観察して社長室のプロジェクトの成功パターンを検証している。メンバーにどこまで協力してもらえるかは対話次第だが、これが龍太にとって、マネジャーとしてのモチベーションをコントロールするための奇策だ。

〈ハッピーセットは成長を促すスペースを提示する〉

さて、話を龍太のハッピーセットに戻そう。長年の歳月をかけて大きくなった龍太の「できること」に対して、「やるべきこと」と「やりたいこと」の領域でもカバーできていないスペースがある。これが、龍太の成長を促すスペースになる。

実は、このように重なりがない箇所があることが大切だ。仮に、3つの円がすべて重なったとしよう。これは、良い円か否か！　できることとやるべきことが一緒でお金を最大化できるし、その延長線上でやりたいことも叶っているのだから、すごく満足して幸せそうな状態だ。

一方、別の見方をすると円が大きくなる機会がない状態だとも言える。円が大きくなるきっかけとは、やるべきことの課題が提示されることだ。課題にトライすることで、できることの円が大きくなる。また、やりたいことの円から行動を起こし、できることが大きくなるケースもあるだろう。つまり、円が重なっていないことが大切で、その余白で人は成長する。

会社にいると成長という言葉をよく聞く。いつも成長していなきゃいけない感覚に襲われる。しかし、人生100年時代。人生の中で重なりがない余白ばかりで成長の機会に満ちている時間もあれば、3つの円が重なっている穏やかな時間があっても良さそうだ。とはいえ、ずーっと3つの円が重なっている状態はオススメしない。もし、ほぼ重なっている状態の絵が描かれたとするなら、どこから、円の重なりを解放できそうなのかと日頃の暮らしや仕事の行動や思考を思い出して、小さなスペースだけど、「ここがずれている場所だ！」と探索してみるのも良さそうだ。

ワークグラム

このＷｉｌｌ、Ｃａｎ、Ｍｕｓｔのハッピーセットで、ワークショップをしている時に、Ｗｉｌｌの「何をしたいかわからない！」という人に巡り会う。かつての龍太もそうだった。どうしたら、やりたいことが湧いてくるのか？　これがわかれば、学者も先生もいらないだろう。この本で簡単に結論づけられるものでもない。ただ、少し手がかりを見つけた。それは、青野さんが「エッセンシャル・マネジメント・スクールで、ワークグラムをやってわかったんだけど、妻に忠実に言われたことを果たしていく〝兵士〟としての喜びがあった！」と話した朝会での会話がきっかけだった。

〈ワークグラムとの出会い〉

ワークグラムとは、セルフエスティーム・ジャパンの代表である西條美波さんと、その夫でエッセンシャル・マネジメント・スクール代表の西條剛央さんが共同が開発した、能力やスキルではなく「喜び・関心軸」だけで自分を可視化する自己理解ツールだ。例えば、青野さんが表現した「兵士」は、次の質問によって導かれる。

与えられた役割、求められている役割を真摯に忠実に果たしていくことに喜びを感じる

青野さんが続けた。「確かに、家庭では、ハイ、ハイ、ハイと、兵士のように言われたことを実行する自分がいるんですよね」と。確かに、表立ってはいないが、社長という立場でも、社員からのリクエストに「ハイ、ハイ！」と兵士のように答えている行動を見たりする。それが、青野さんの喜び・関心の１つだということが、初めて明かされた一瞬だった！

この話を聞いたとき、龍太は、やりたいことの前に関心を抱くというステップがあるのではないかという仮説を思いついた。ならば、その関心の元となる「喜び」を自分自身で認識できれば、やりたいことがわかってくるかもしれない。そこで、青野さんにお願いをして、自分の

関心、喜びの元は、どこなのかを知るために、西條美波さんにワークグラムをやってもらうことにした。

龍太がワークグラムに取り組んだのは、2019年5月。興味のある人はセルフエスティーム・ジャパン（http://www.se-j.com/workgram）から申込みをするか、エッセンシャル・マネジメント・スクール（https://essential-management.jimdofree.com）で学んで欲しい。

［手順］

❶「ゼロからオリジナリティが高い何かを創造することに喜びを感じる」といった40項目にわたる喜び・関心を表現した質問に対して、自分の喜びの度合いを1から10で点数をつけていく

❷点数が高い順に1位、2位、3位と、その文章に紐づいているキーワード（要素）を並べていく

点数をつける時に大切なことは、能力ではなく得意なことでもなく、自分が自然に夢中になってしまうものであるのか、心からワクワクすることなのかという軸で点数をつけることだ。あくまで関心に着目するため、できることや得意なことを排除すること。例えば、親からの「あなたはできる、できる……」と洗脳されていることも、ワークグラムのアセスメントでは、取り除き、ワクワク、喜びを感じるものに10をつける。

龍太は用意されている問いに対して、迷わず直感で10であるものに点数をつけていった。次に、点数が高い順に1位、2位、3位とキーワードを並べて完成だ。以下に、龍太のワークグラムの結果を示す。

〈喜びが高いワークグラム〉

1位…クリエイター(10)、コレクター(10)、表現者(10)、アイディアマン(10)、媒介者(10)、開拓者(10)、祈り人(10)、職人(9→10?)

2位…マザー(9)、ファシリテーター(8)、経営者(8)、チームワーカー(8)、スーパーサポーター(8)、ハートビーター(8)

参考までに、1位の要素だけとなるが、どういった質問事項があるのか紹介する（表3-1）。なお、ここで紹介しているものは40項目からなる簡易版であり、さらに精密に関心を把握するための117項目版もある。

〈ワークグラムセンテンス〉

浮かび上がったキーワードに対して、美波さんは「どんな場所でワクワクするんですか？」など、「どんな時に」、「誰に対して」など、深掘りする質問をしてきてくれた。小一時間は話をしただろうか？ 1位から3位までのキーワードを掘り下げていった。喜びを話すのだから、とても気持ちよく、楽しい時間だった。このセッションにより、導き出された龍太のワークグラムセンテンス（喜びを感じる事象・状況をまとめたもの）を紹介する。

龍太のワークグラムセンテンス

自分の中から湧いてくる発想や閃きなどの内的活動を楽しみ、そこから「自由」に自身の活動のセルフプロデュースをし（クリエイター、プロデューサー、職人）、それを表現（講演やワークショップ、動画を通して）していくことで（表現者）、画期的な働き方やチームに関す

表3-1：ワークグラム設問例（一部）

定義	ネーミング
ゼロからオリジナリティが高い何かを創造することに喜びを感じる	クリエイター
興味関心のある分野のものを幅広く読んだり見聞き体験しながら、知識や情報を集めることに喜びを感じる	コレクター
自分が価値を見出したものを人に伝えるために、書いたり、話したり、何らかの形で表現することに喜びを感じる	表現者
斬新であったり、ユニークなアイディアを出していくことに喜びを感じる	アイディアマン
人と人のご縁を繋げることや、そこから新しい相乗効果が生まれることに喜びを感じる	媒介者
行ったことのない場所や土地に積極的に足を運んだり、その場を探検することに喜びを感じる	開拓者
世界や社会のために、または誰かのために祈ることに喜びを感じる	祈り人
興味関心の高い専門領域を、こだわりを持って徹底的に極めていくことに喜びを感じる	職人

る考え方やアイディアに対して「すごいね！」と言われながら共感を得たい。また、一人ひとりが「好きと生きる」を形にできる社会になったらいいな、と深く祈るような気持ちで（祈り人）、日々楽しく活動する内観職人型プロデューサー！

色々な体験をしながら（コレクター）感じたり、ひらめきや内的探求や想像などの内的活動を常に楽しみながら（内観者）、愛する【農】×組織作り〈ＩＴも組み込んだ〉に関わる「ユニークなプログラム作り」を通して自己表現しながら、「新しい働き方」を作ること（表現者、クリエイター、アイディアマン）が大きな喜び！

書いたり動画を作ったり講演やワークショップを通して（表現者、ファシリテーター）、「面白いね！」と言われ（アイディアマン）、「こんなやり方あったんだ、面白いね。自分にもできるかも！」と、希望を与えていけたら嬉しい。自分のように、自分の内的モチベーションに忠実に、自由に表現できる人や組織を増やしていくことが喜び！

人と人とのつながりを楽しみながらあちらこちらに講演で出向くことも好き！（開拓者）出張場所で繋がりができたり、一緒に活動する人が増えることも好き！（ハートビーター）

自由でありつつ、いつもチームとともにあり（チームワーク）、チームの一人ひとりが自分を解放させて楽しく働けるように応援していき（サポーター）、どう組織が変わっていくか見ていくこと（経営者）も喜び！（リーダーとして引っ張るというよりも一人ひとりの開花を応援したいサポーター型リーダー）

言われたことを忠実やること（兵士）、ルーティーン（ルーティナー）、勝負事（勝負師）、管理的なマネジメント（マネジメント）、何かを売り込むこと（積極的営業）、影すぎる奉仕（ムーン）、守護者（過去の何かを守ること）には興味がありません（笑）

美波さんから、このワークグラムセンテンスをもらったとき「なるほど！」と腑に落ちた龍太がいた。例えば、「自分の中から湧いてくる発想や閃きなどの内的活動を楽しみ、そこから『自由』に自身の活動のセルフプロデュース」というくだり。まさに、その通り！　自分の頭の中で楽しいことを妄想して、それを試してみることにワクワクするのだ。龍太にとっては、この喜び・ワクワクの関心は、取り上げられたら死のうかと思うレベルなのだ。

また同時に、自分にとってワクワクする自由な妄想を取り上げられたときが過去にあったことを思い出した。それは、マイクロソフトでのマネジメント職の時期。厳しかった自分を思い出した。さらに、龍太がなぜパエリアに関わる複業をしているかへの理解も進んだ。

例えば、スペインで開催された2016年、第56回国際パエリアコンクールに出向き、ムービーでレポートしたり、パエリアでティール組織を学ぶワークショップを開催したり、薪で炊くパエリアの料理教室まで、パエリアに関わる複業を幅広く提供している。

パエリアにまつわることばかり提供している龍太だからだろう。「パエリアが毎日食べるくらいとっても好きなんですね？」とよく質問を受ける。しかし、そこでの返事にいつも詰まる。「特別、好きじゃないんですよ！」と言うと大笑いされるからだ。なぜ、こんなにも自分の提供するサービスにパエリアが登場するんだろうといつも疑問に思っていたが、その謎がこのワークグラムで明らかになった！

ひと言で言えば、パエリアを触媒にした妄想が、龍太にとって、とてもワクワクするのだ。まさに内的活動だ。自分の妄想を実際にやってみることができるのだ。例えば、パエリア料理教室。参加したみんなに、それぞれ好きな持ち場につき、それぞれの感覚で持ち場を楽しむ風景を想像するのが楽しい。龍太にとっては、このような妄想がないと死んでしまうぐらい、しんどい状況なのだ。

もし、めちゃくちゃ忙しくても、しんどくなく楽しいことをやっているとするのであれば、おそらく、自然に、内的活動をしているんだろうと気づいた。それが、間違っている・いないは関係ない。自分の振る舞いを、自分の視点をさらに上げて俯瞰的にみて、言語化して認識しているもう一人の龍太がいた。「〜したい」の前に存在する喜び・ワクワク・関心の元！　美波さんは、それを「喜び・関心軸」と表現している。自分のワクワクを認知するために言語化されたワークグラムセンテンスにホッとした。

「やりたい」を見つけられない人は、その根本にある、喜び・ワクワクの関心、「喜び・関心軸」を知ることから始めてはいかがだろうか。

第4章
複業に向けて、最初の一歩を踏み出すには

いざ、複業をはじめたいと思っても、簡単にできる人は多くはないだろう。この章では、龍太が新規事業開発をあぶり出すプロセスから生まれた「コラボワークスDoメソッド」を元にしながら、目標や目的がはっきりしなくてもはじめられる、エフェクチュエーションアプローチについて解説したい！

龍太が提唱する、幸せな3つの資本・資産を育む複業の考えに共感しつつも、それは、「龍太さんだからできるんでしょう」という読者の声が聞こえてくる。

龍太自身は、子ども時代の成績が良いわけではなく、名門大学に入学しているわけもなく、そんなに特別なものではないのだが……。だから、そのためにも、何かの法則や再現性のある抽象化したモデルがあるといいなと思っていた。

◇◇◇◇◇◇◇

コラボワークスDoメソッド

ところが、その機会は突然現れた！ コラボワークスのウェブサイトを作るとき、デザイン事務所Ｃａｕｚの芝哲也さんが開発した「ニューロン発想法」を使って、龍太の新規事業開発をあぶり出すプロセスから見えてきたモデルがあった。

その名も「コラボワークス Ｄｏメソッド」(図4-1)。「自分事化」から始まり、価値をコアな人たちと「発芽培養」させ、共感できるかどうかを確認「生態系認知」し、そこが成功すれば、「伝道展開」プロセス、つまり、組織化・事業プラン化に進むというモデルだ。

「えっ、それと、複業を始める再現性のあるモデルとどう関係するの!?」と疑問を持つ読者は

図4-1：コラボークスDoメソッドの基本プロセス

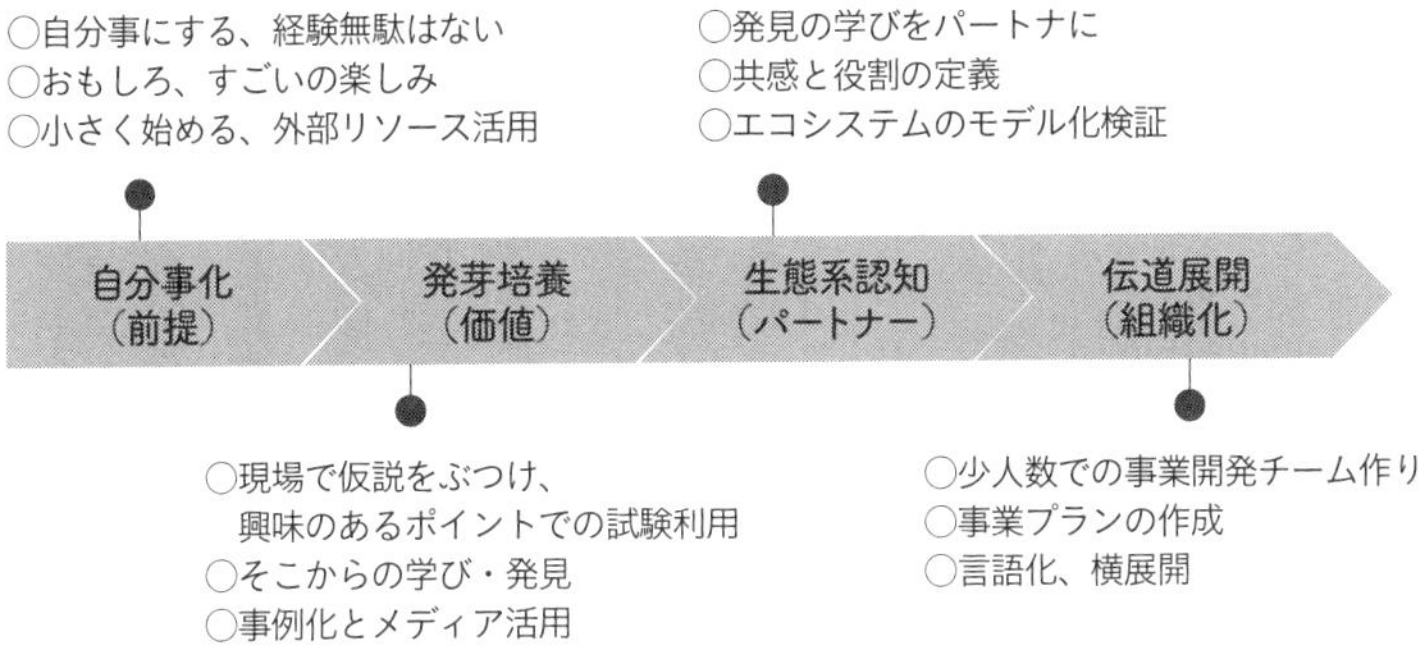

多いだろう。最初は、龍太もどんな関係があるのだろうかと思ったものだ。しかし、これまでＮＥＣやマイクロソフトの中で仕事としてやってきた行動がコラボワークスＤｏメソッドだ。龍太自身が、このメソッドの一部もしくは全部を使って複業を作り出していることを、コラボワークスのウェブサイトを作る過程で認知した。

コラボワークスＤｏメソッドのどのフェーズでも利用していた行動モデルが、エフェクチュエーションと呼ばれる行動様式だった。エフェクチュエーションでは計画よりも行動を優先する。事項で詳しく説明したい。

コーゼーションではなくエフェクチュエーション！

コラボワークスＤｏメソッドを形式化する一方で、

気になる言葉に出くわした。それは、**エフェクチュエーション**。舌をかみそうな言葉だ。サイボウズの週一の定例会でのこと。新しいアプリの企画説明をしていた青野さんが、「企画には、事業計画を作ってやる方法と、事業計画を作らずにできるところからやる方法がある。後者のことをエフェクチュエーションと呼ぶと、名古屋商科大学ビジネススクールの北原康富さんから教えてもらった」と教えてくれた。

「事業計画をしない企画」という言葉に興味を持った龍太は、さっそく、北原さんにコンタクトをとり、エフェクチュエーションのことをもっと知りたいと行動した。なぜ、興味を持ったのか。それは、マイクロソフトのOffice 365のプロジェクト、サイボウズの社長室の仕事など自分の今までの仕事、そして、それを抽象化したコラボワークスＤｏメソッドのモデル、そして、龍太がやっているほとんどの複業、それらすべてが事業計画書を作らずにスタートしていたからだ！

北原さんからは、「エフェクチュエーションについて、今度サイボウズでレクチャーしますよ」という嬉しい返事がきた。また同時に「龍太さんだったら、『エフェクチュエーション』（２０１５年、碩学舎）という本があるから一度読んでみてください」と宿題も出た。さっそく購入してみたところ、それは４００ページにおよぶ立派な学術書だった。

エフェクチュエーションは、サラス・サラスバシーというインド出身の女性の経営学者が提唱しているもので、熟達した起業家の意思決定の原理をモデル化したものとして提示している。エフェクチュエーションと一緒に紹介しているのが**コーゼーション**だ。コーゼーションは、事業計画書を作るモデルのことを指す。

コーゼーションでは、問題のフレームは「選択の問題」↓「選択」を助けると言われ、特定の結果から生み出すために選択肢の中から手段を選ぶことを助ける。龍太のコーゼーションに対する解釈は、ある目標や目的が明確にあり、それを達成するための戦略案をいくつか作り、その中から最適だと思われるものを選択し、その選択した戦略に対してタスク案を作り、そのタスクに対して、ヒト・モノ・カネがどれくらいかかるかを算出して、目標や目的を達成できるかを見積もりながら、どのリソースを使えば良いかを選択することだ。

イメージするのは、戦争映画に出てくる戦略本部シーン。攻略したい大きな領土の地図を前にして「東から攻めるか？　西から攻めるか？　空から攻めるか、陸から攻めるか？」「そのプロセスはどの順番が良いのか？」など、相手の出方によって様々なシーンを想定し、作戦を立てていくイメージだ。何手先までその選択肢を用意できているか、自分の部隊に、どこに強みがあるか、どこに弱みがあるかをＳＷＯＴ分析しながら、限りある陸海空軍の兵器や兵士を選択し割り当てていく姿は、まさに「選択の問題」だ。

〈コーゼーションは第一のカーブでは有効だった〉

企業では、広大な顧客という市場から、手が届きそうな自社のポジションを意識し、ターゲットである顧客ニーズと売上目標を定め、そのための商品やサービスの戦略を3C、4Pに落とし、立案し企画会議にかける。そのたびに、役員などからダメ出しされ、そのダメ出しを突破するために、想定されそうな質問に対しての回答を時間をかけて資料にしていく。組織の管理者の階層が多いほど、その資料を作る時間に担当者は奔走する。必要以上に、選択するためのアシスト作業が多いと、悲しい事業計画を決裁していくプロセスになる。なぜ、こんなことが起こるのだろうか？

それは、序章の「止められない産業構造と価値」で龍太が書いた、「近代社会の物語」の第一のカーブの場合には有効な手法だからだ。日本の産業がこれまでやってきた欧米に追いつけ追い越せの目標！　目標が明確で、それを達成するために必要なことを選択し実行することで、価値を生み出してこられた。

しかし、現代においては、その目標はほぼ達成。さらに価値を高めるために、コストダウンと高い品質を追い求めているのが現代の日本の産業構造だ。その限界を感じ、新しい市場を模索するものの、既存の顧客ターゲットの延長線上にあるニーズでは、想定するほどの売上を上げない事業。誰もが数字だけが一人歩きするこういった事業の責任を負いたくないと感じているように龍太には見える。

一方、エフェクチュエーションでは、問題のフレームは「デザインの問題」→「構築」を助けるという。表現を変えると、特定の手段を使って可能な結果をデザインするということだ。これは、どういうことなのだろうか。エフェクチュエーションは、コーゼーションで問題であった「既存の顧客ターゲットの延長線上にあるニーズが想定するほどの売上を上げない事業」つまり、目標がわからない場合に使う。目標、目的がわからないけど動く事象として龍太が思いつくのは、赤ちゃんのしぐさだ。赤ちゃんは、誰かに抱っこされているとき、無我夢中で手を差し出す。小さな指で精いっぱい、抱いている手を掴もうとする。なんの危険もかえりみずに！　純粋にこういった動作を繰り返しながら、最終的に人を認識していく。まさに、身体の中で人をデザインしていくプロセスだ。

赤ちゃんのことは、赤ちゃんに聞いてみないとわからないが、おそらく、明確に人を知るという目標や目的があっての行動ではないだろう。何か動いているものや、色あざやかなカラフルなものを触るという行動で人をデザインしていく。ときには、触ったものを比較しながら行動を決める。そこには、なんの偏見や明確な意思や目標もない。ただただ、興味、関心だけからの行動があるのみ。つまり、赤ちゃんは、今自分でできることで何かを感じ取り、何かを表現している。

このような計画よりも行動を優先したエフェクチュエーションは、誰もが持っている行動モデルではないだろうか。

ということは、最初の一歩の踏み出し方とは、赤ちゃんに戻ればいいだけなのかしれない。

いずれにしても、**コラボワークスDoメソッドのどのフェーズでも、利用している行動モデルがエフェクチュエーションだ。**

◇◇◇◇◇◇◇◇

エフェクチュエーションアプローチとは

エフェクチュエーションの行動をモデルの図からも解説しよう（図4-2）。

まず、1番目のステップ「私は誰か、私は何を知っているか、私は誰を知っているか」から、自分のリソースを認識することから始まる。Will、Can、Mustの3つの円で言えば、CanとWillに書かれるようなことだ。

コラボワークスで提供している「飾らないムービー撮影」というサービスで説明していこう。

このサービスが生まれる基点は、2015年4月頃、首相官邸無人機落下事件が起きた頃に購

図4-2：エフェクチュエーションアプローチ

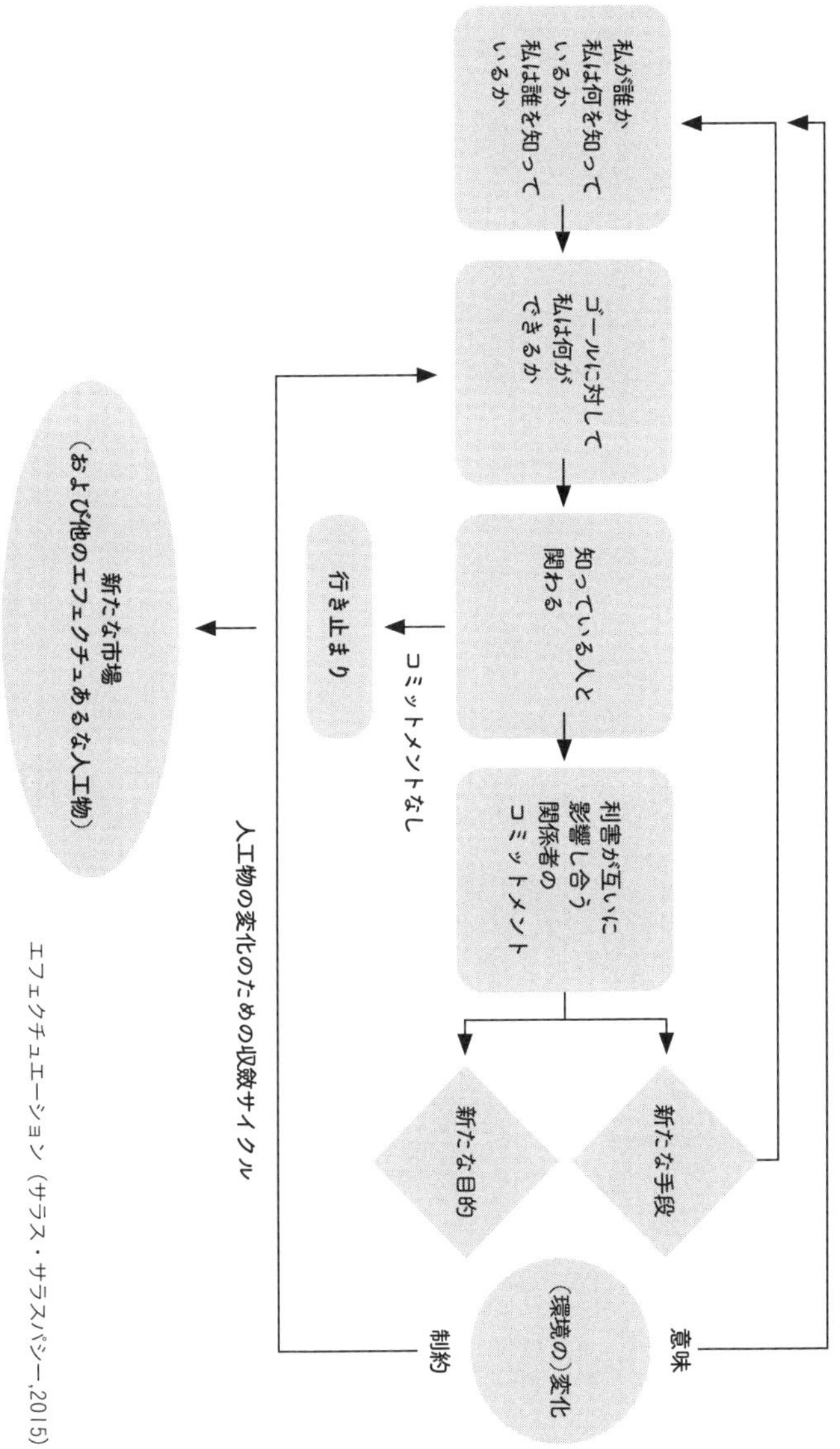

エフェクチュエーション（サラス・サラスバシー,2015）

入したドローンから始まる。当時は、そういう事件が起きた直後なので、人からは、怪しい人だと思われたかもしれないが、それを超える自分のワクワクがあったと思い出す！

誰にも迷惑がかかりそうにない自宅の田んぼで、遊び続ける。それが操縦スキルを育む原動力になっていた。さて、本題に戻そう。エフェクチュエーションの行動モデルの「私」は誰だろうか。「ドローンによるムービー撮影が好き」に対して、私は何を知っているだろうか。それは、「ドローンの撮影に必要な操縦技術を知っていること」だった。当時は、動画用のカメラもジンバル（水平を保つ装置）も持ってはいなかった。

次に、2番目の「ゴールに対して私は何ができるか？」だ。ゴールとはなんだろうか。なんとなく考えていたものは、「ドローンで撮影した映像を見せて『すごい！』と喜んでもらいたいなぁ、的なもの」だった。人によっては、赤ちゃんの場合のように、ゴールが潜在的なもので無意識な場合があるかもしれない。それならば、それで良い。大切なことは、**ゴールはどんどん変わっていくものだとここでは認識することだ。**コーゼーションとは違うからだ！

そして「できること」とは、人的資本に書かれそうなことだ。ドローンによるムービー撮影であれば、HD（高画質）によるドローンの撮影スキルや、国土交通省にドローンの飛行許可をもらう提出書類を書き許可を得るスキルも該当するかもしれない。ここでは、できないことをリストアップのではなく、自分がすぐにできることを棚卸ししておくことが大事だ。

3番目のステップは「知っている人と関わる」だ。最初のステップの「誰を知っているか」のところから、とにかく関わることだ。リストアップして、どんどん関わっていくというやり方もあるが、複業でそれは正直辛い。なぜなら、一歩間違えると押し売り営業になるからだ。そうならない方法として龍太がやっていることは、人と会う時に「このYouTube、僕がドローンで撮った動画だけどどう？」と〝つぶやく〟ことだ。この方法であれば、人に会うためにアポイントをとるようなストレスはかからないし、日常でできる。

4番目のステップは「利害が互いに影響し合う関係者のコミットメント」。このステップは、何を示しているのかわからないとよく言われる。龍太が名古屋商科大学ビジネススクールの北原康富さんから教えてもらった言葉は〝おねだり〟だ！

具体例を挙げよう。龍太の場合、地方に出張に行く機会が多い。地方の魅力は、そこの地形、川や野山などの自然だと思うのだが、暮らしている人は、素敵な自然をあまり認識していない。しかし、鳥の目で見せてあげると、地元の人は驚きと笑顔に表情を変える！　龍太が、ドローン撮影で喜びを感じるところだ。なので、素敵な地方に行く時には、ドローンをキャリングケースに忍ばせて出かける。現地で会った人に3番目のステップの「ドローンで素敵な動画作れるんですよ」と〝つぶやく〟のだ。「へー、すごいですね？」と反応があれば「脈あり」だ。美しいものを見たらその場で「撮ってもいいですか」と、〝おねだり〟して、許可（コミットメント）を得る。地方の山間部であれば、おねだりを断られるケースはあまりない。

時々、おねだりを断られる場合もある。それでも、さらに〝おねだり〟すると、「あそこの○○さんは、興味はありそうだから話をしておくよ」と人を紹介してもらうことができる。5番目の分岐した「新たな手段」を獲得した瞬間だ！　それがぐるっと元に戻り、龍太の「私は誰を知っているか」に加わる。このように、どんどん次のサイクルに入っていく。このモデルは、ミクロな行動モデルなので、物事を考える、人に会うなど、その一瞬、一瞬の出来事がこのどこかのプロセスに相当する。

このプロセスを繰り返したエピソードを1つ紹介しよう。宮崎の森トマト農園さんに農業の視察に行ったときのことだ。森さんとドローンの話になった。お互いメカ好きの対話は、笑顔あふれる楽しい時間だった。自分で撮ったドローンの映像を見せながら、「次回来た時に森さんの畑も撮りますよ！」とおねだりした。何ヶ月か経ち、再度、別件で宮崎に行くことを伝えると、「ホームページの素材にしたいから撮影してほしい」とのご依頼が舞いこんだ。「すごい」と喜んでもらうだけでなく、お金も得られるゴールに到達したのだ！

ここだけ見ていると、一回おねだりしたら必ず依頼が来るというイメージだが、必ずというわけではない。ただし、振り返ると、ドローンに興味がある対話が成立している時は、いつも3番目のステップで〝つぶやく〟ことを実践している。**〝つぶやく〟ことと、〝おねだり〟は大切！**

これが龍太の学びだ。

さて、龍太はドローンの動画撮影を通じて、動画の持つ伝える力をすごいと思い始めた。特にドローンの性能による揺れないムービーで映画のように撮影ができる。しかも、龍太の動画編集は3分程度だが、それでも人に感動を届けられる。動画の持つ情報量のすごさに圧倒され、空からだけでなく、都会でも室内でも撮りたいと妄想を膨らませた。龍太の中でドローンの動画撮影から、まったく意識していなかった動画撮影全般へと意識が変化したのだ。これが、一番右に書いてある「変化」にあたる。

変化してしまった龍太は、サイボウズで随一のカメラマンの野水さんに「動画撮影のためにどんなカメラを買うのがよいか」を聞きだして、さっそく、動画撮影用カメラと揺れない撮影に必要なジンバルを手にした。これが、新たな「制約」の変化だ。ドローンだけでなく「ゴールに対して何ができるか」に、「手持ちの動画撮影用カメラ＋ジンバル」が追加されたのだ。

ゴールの対象者も「地方の人」に限らず、「いろんな人」に変化した。龍太にとってはエフェクチュエーション行動モデルの一番下中央にある「新たな市場」の誕生だった！　結果、パエリアのムービーやプログラミング授業の楽しい撮影と編集という「できること」を手にすることになる。ドローンの時より、お願いされる案件も増え、複業の人的資本や社会資本だけでなく、金融資産にも貢献するようになった。

◇◇◇◇◇◇◇

エフェクチュエーションの5原則

エフェクチュエーションの理解により、なんとなく、複業の最初の一歩の進め方がイメージできただろうか？　それを進めるにあたって、エフェクチュエーションモデルで大切な原則がある。それが次の5つだ。

❶ Bird in Hand…今手元にある手段で始める

第一の原則は「手持ちの鳥の原則」と呼ばれる。複業の一歩を歩む時、サクッと、すぐに始められるもの、つまりは、手元にある3つの資本・資産だけで始めることが大切だ。それは、あらかじめ緻密に練られて調合された手段という絵の具の色よりも、偶然に混じり合わされた絵の具で思わぬ色ができるようなものだ。その色は、自分でも想像できない新しい市場を作る機会を創る。しかも、手元にあるものだから、良い結果であろうが、悪い結果であろうが、判断し実行するスピードも速いのが特徴だ。

龍太が最初にドローンを購入した時にこの原則が使われていた。うまく飛ばせるか、わからないものに高価なものはイメージできなかった。そこで当時、主力の撮影機材であった10万円を超えるＤＪＩのドローン、PHANTOM2より安く、手に入りやすかったParrot Bebop Droneを8万円ほどで購入し、安全に気軽に飛ばせる家族の田んぼを使って撮影の練習をした。都内だと飛ばす場所を探し、その場所まで移動して、必要により場所の料金も払うことになる。龍太に比べるとかなり操縦する機会が手元にない感が強い。また、のちにドローン・ジャパン株式会社を設立することになる、マイクロソフト時代の友人の春原久徳さんがParrot Bebop Droneに詳しかったことも、手元にあった大切な手段の1つだった。

これらの手段の組み合わせにより、3分間のビデオをすぐに編集し、早ければ、その場で披露する、自分らしいドローンの撮影・編集スタイルが自然にできた。これが、龍太が作った市場だ。もし、ＤＪＩのPHANTOM2を購入していたら、違ったスタイルだったかもしれない。

❷ Affordable Loss…許容可能な損失額を定める

第二の原則は「許容可能な損失の原則」と呼ばれる。これは、成果をマキシマイズするために資源を投入するという発想ではなく、資源を決めてその中で成果をマキシマイズするという発想だ。つまり、最悪な場合はここまでは失っても良いという考えだ。

複業をする場合、家族に必要な3つの資本・資産よりも優先して複業ができる機会は多くない。どこまでだったら、損をして良いかを考慮する「賢く失敗」を目指す思考だ。龍太が、ドローン撮影で最初に設定したものは趣味の延長線上という意識だった。当時は、操縦に失敗して壊れようと、新しいドローンが出てこようと、そもそも、ドローン撮影を複業にしようなど微塵も思っていなかったので、最初に購入したParrot Bebop Drone、この一機の投資だけで終わりにしようと思っていた。このあとDJIから新しいPHANTOM3が出てきたが、目移りせずにParrot Bebop Droneを使い続けた。何度となく機体を木などにぶつけ落下させて壊れても、許容可能な損失額を定めていたので、自分でパーツを買って修理をしていた。しかし、ドローンが龍太にとって3つの資本・資産を育む素敵なツールだと確信すると、2年後にParrot Bebop Droneよりも、もっと小さく運べるDJIのMavic Proに乗り換えることになる。

そして、わかったこととは、Parrot Bebop Droneが、位置を制御するセンサーなどの仕組みが原始的であり、風のある中ではあおられやすく、思ったところに飛ばすためには操縦者の技能がどんなに必要だったのかということだ。例えば、乗り物で言えば、安価な原動付自転車に乗っているようなものだったことに気づく。DJIのMavic Proは、四輪自動車のような感覚の安定したドローンだった。高度に制御する仕組みが整っており、Parrot Bebop Droneが原始的だったからこそ、狙った通りの撮影ができる技能を自然と身につけることができていた。これも限られた資源の中で最大限のものを得られたと言える。エフェクチュエーションの面白さだ！

❸Crazy Quilt…協力してくれる人を増やす

第三の原則は「クレイジーキルトの原則」。クレイジーキルトとは、土台になる布やキルト芯にサイズや形をあまり気にせずに、自由に縫い付けていくアップリケキルトの1つ。フリーマーケットなどの雑貨屋さんでポーチ、財布などを見たことがある。小さなキルトは、一人で作れるものだが、大きなキルトは共同作業で作ることになる。キルトづくりに長けた人たちが、端切れになった布の大きさや色、柄はバラバラ、才能も好みもバラバラな状況で一緒になって作業する。作業をしている人たちとの対話によって理想を作りながらも、ときに問題が生じれば調整する作業が必要になる。

クレイジーキルトの原則はこれをメタファにした行動原則だ。可能なところから行動を始め、共感してくれるパートナーを作り共同作業をしながら、何ができるかを考えて共創していく。龍太の場合、クレイジーキルトのような大きなプロジェクトではないが、こんなシチュエーションを経験したことがある。

龍太の「飾らないムービー撮影」は、ドローン撮影から始まったことは、先ほど書いたとおりだ。何度となく、撮影・編集をしたものを喜んでもらえそうな人に提供した。そこで、いろんなフィードバックをもらいながら、ドローンだけの撮影では、その喜びに対応できないことを認識し、ムービー用のカメラとジンバルに一歩踏み出すことになる。

新しい機材を使って何度となく、撮影・編集を繰り返し、作品を創り出していた2016年のこと。5月14〜15日、豊洲で行われた豊洲パエリアのイベントで、シンガーソングライターの横沢ローラさんと出会う。イベント会場で、「パエリャの歌」を歌っている横沢ローラさんの撮影をしたことがきっかけだった。もちろんムービーをその日に編集し、お見せしてその時には、何も起きなかった。

しかし、翌日、横沢ローラさんからメッセージがあった。「近々、パエリャの歌をレコーディングして、いろんな動画とあわせたい…と申しましたが、もしかしたらRyutaさんにあずけたほうがよっぽど良い動画になりそう」とのこと。その後、レコーディングをする前の音源をいただきながらイメージを共有していたところ、5月22日に「6月19日、空いていますか？友人が、パエリアとキッズのイベントを作ってくれようとしています。そこで撮影できますか？」という問い合わせが来た。予定が空いていたので、もちろん快諾！

2016年6月19日、あざみ野の撮影現場に向かうと、料理好きのお母さんと子どもたちでいっぱいだった。料理と歌とカメラで、子どもとのパエリアづくりを一緒に楽しむ。めちゃ楽しい！　そこに参加している子どもたちやお母さん、場所を提供してくれた人たちとのクレイジーキルトだった。横沢ローラさんの「パエリャの歌」のミュージックビデオはこのように完成した。自分の複業の「飾らないムービー撮影」の作品の1つだ。

❹ Lemonade…偶然の出来事を使う

第四の原則は「レモネードの原則」。粗悪な酸っぱいレモンをつかまされたとき、ある人はそれを捨てるのではなく、酸っぱいことを逆手にとって強みに生かして「レモネードにして売ろう」と発想を転換した。予期せぬ偶然の出来事を避けるのではなく、逆に利用しまくることを優先する行動原則だ。また、その予期せぬ出来事はトラブルすらも受け入れる点が面白い！

龍太が最初に購入したParrot Bebop Drone。予期せぬ出来事が突然待ち構えていた。購入して初の外での飛行のとき、スマホの画面で操作する操縦方法がよく理解できず、わずか離陸後30秒でドローンを墜落させてしまった。プロペラを回すモーターの軸が曲がり、飛行できない。「あ、やっちゃった！」と、メーカーに修理に出さなくては、と思ってネットで調べたが、どこにもそんな窓口がないことに気がつく。メーカーサイトをよく見ると、いろんな箇所を交換、修理する方法がYouTubeに丁寧にアップされていた。それを見て初めて気がついた。このドローンは自分で直す仕組みなんだと。

さっそくネットでモーターを購入し、翌日には部品が届いた。YouTubeを見ながら修理をする。修理で分解しながら、様々なドローンの仕組みを学ぶ。人的資本の元を獲得した気分だ。そして、こんなビジネスモデルもあるのだなと認識した。

ＤＪＩのドローンのように修理がメーカーでしかできなかったとしたら、どれくらい時間がかかるんだろうかと想像しながら、自分で修理してその週には復活させる経験ができた。また、家電でもこのような仕組みがあって良いのかもと妄想を膨らませた。新しい発想だった！ そんな妄想が龍太には心地よい。これも偶然から得た気づきだ。

その後、良いアングルからの撮影のために飛行を攻め、幾度となく機体を破損する、シャーシまで破損し、購入したときと同じ部分はマザーボードだけになった。壊れても直せるという安心感。この安心は撮影操縦技術を磨く上で格好の機会となった。この偶然に出会った修理の機会は、いろんな資本・資産の再生産に生かされている。まさに、レモネードの原則だ。

❺ Pilot in the Plane…コントロールできることだけに集中する

第五の原則は「飛行中のパイロットの原則」。パイロットは、操縦席の計器を常に見ながら、外の景色、振動、音など、五感を鋭敏にして飛行機を操縦する。自動操縦の時もあれば手動での操縦もある。いつもその瞬間の環境の状況を認識し、それに臨機応変に迅速に対応する行動が求められる。「コントロールできることだけに集中する」とは、すなわち、不確実な状況においても、その時々の状態に応じて調整していくことが、その先の自分たちの飛行を作り出すという世界観であり、未来は予測されるものではなく、まさに描き出すという行動原則だ。

「飾らないムービー撮影」の成り立ちの物語が、まさにそうだと言えよう。

ドローンという言葉を初めて耳にしたのは、義父に、上空からの自宅の写真を撮ってあげて、喜んでもらいたい、マイクロソフト農業クラブの活動を鳥の目で撮りたいなど、趣味の延長線で塑像を膨らませていた時だった。ウェブサイトでParrot Bebop Droneの宣伝を偶然目にした。「高画質の動画が撮れるドローンが10万円もしないんだ！」と驚き、自分で買えそうな金額だったのですぐに予約をした。高価な趣味が実現する瞬間だった。

購入して、自宅の畑や田んぼを中心に撮影し、人に見せた時の相手の感動を受け止めながら、心の赴くままに、見知らぬ地方での撮影を始めた。安定した映像が創りだす、美しいふるさとの映像に、地元の人から感動をいただくことの喜び。その時、無理せず、その場所で、できる撮影・編集をやる。ドローン撮影を仕事にしようと思っていたわけではなく、ただただ、撮影し編集して公開するだけだった。

しかし、そうしていたら、自分の畑をドローンで撮ってほしいという農家からのリクエストがあった。単なる趣味から、自分の価値をお金で確認できた複業の始まりであり、龍太にとって最初の映像撮影に対する意味の変化だった。

何度も何度もドローンの映像を撮影して人に見せているうちに、この安定した動画映像が映画のワンシーンにも見えると新たな価値を認識した。映画をほとんど見たことがなかった龍太であったが、そこからの行動は早かった！　会社の同僚でいつもそばにいるカメラ撮影のプロの野水さんから、映画のような映像が撮れるカメラをリコメンドしてもらう。

そこから、ドローンに加えて地上で使う動画用のカメラとジンバルでの撮影が始まった。龍太の新しい映像制作の世界は、映画のようなシーンを3分程度でイキイキと表現する世界に変化した。まるで番宣のような映像。映像制作の価値が変化した瞬間だ！　ジンバルも手にして、楽しみながら撮影と編集を今も繰り返している。

このように、最初から「飾らないムービー撮影」の複業をやろうと決めていたわけではない。映像を見せて反応した人たちとの関わり合いの、一瞬、一瞬で、起きていることを敏感に感じ取り、できることをやった結果の複業なのだ。この先、龍太はどんな変化を起こすのか、自分にも他人にもわからない。**まさに、未来を予測しているわけではなく、未来を描き出す行動なのだ！**

◇◇◇◇◇◇◇

関心がエフェクチュエーションアプローチのキーになる

ところで、龍太がなぜエフェクチュエーションがうまくできて、他の人ができないのか？必要としている人が、もっとエフェクチュエーションの行動モデルを実行でき、もっとコラボワークスＤｏメソッドを活かしてもらえる人がいると良いのにと思う。特に、新事業開発に携わる人たちだ。しかし、冒頭でも書いたように「近代社会の物語」の第一のカーブを目指す企業がまだまだ多い中、活用できるスペースは少なそうだ。では、複業でということになるわけだが、それでも、うまくいかない。

それは、なぜなんだろう。龍太がマイクロソフトで仕事をしている中で、エフェクチュエーションができなかった頃とできていた頃を振り返ってみた。エフェクチュエーションの行動モデルの、最初の部分である「自分は誰か」という部分。できていなかった時代は、「自分は誰か」をしっかり認識していなかった。

例えば、苦手なマネジャー職を任務にしていた時は、自分はマネジャーを心からやりたいと思っていたと当時は思っていた。しかし実は、出世という評価は、父の背中を通して世の中を見ていただけで、「マネジャー職を経験し役職を登っていかないといけない」と刷り込まれた自分のやりたいことだったと今は分析する。

一方、マネジャー職から解かれ、Office 365の現場におけるプレイヤーとして「自分は誰か」という認識での行動は明確だった。この仕事を受ける前に、自分に「自分はこれをやるべきか」と問いていた自分がいる。同時に、同僚にも同じ質問をしていた自分がいた。

その時に同僚からもらった「クラウドサービスは誰もやったことがないこと、誰も知らないものを得るすばらしい経験になるはず」という言葉は今でも忘れない。同僚からの「誰もやったことがない」という言葉にワクワクする龍太がいた。Office 365は、自分の関心の、今では言語化されている「内的探求や想像などの内的活動をする喜びの軸」にふれる仕事だったと分析している。

エフェクチュエーションを活用しているコラボワークスの9個の複業もそうだ。すべてにおいて、「私は誰か」の部分に「内的探求や想像などの内的活動をする喜びの軸」が置かれている。だからこそ「飾らないムービー撮影」の世界が自然に作り出されると推測する。もし、「私は誰か」に自分の関心が位置づけされなければ、おそらく、ここまで変化させることはなかったであろう。

〈関心とエフェクチュエーションの関係〉

最後にもう1つ「私は誰か」で、龍太が気づいた関心とエフェクチュエーションの関係を解説しておく。それは、名古屋商科大学ビジネススクールの北原康富さんから エフェクチュエーションについて教えてもらった時に行われた「目的の目的の発見」というワークショップからの気づきだ。

例えば、コーラが欲しいと思って自動販売機に行ってみた（図4-3）。ここでは、コーラを買うことが目的で、手段が自動販売機に行くことだ。自動販売機に行ったがコーラはなかった。さてどうする？　そもそも、なぜコーラを買うことが目的だったのか？　コーラを買う目的は「一息つきたかったから」だ。それが上位の目的だ。

さて、周りに一息つきそうな場所を探して座っ

図4-3：目的の目的の発見「コーラが欲しい」

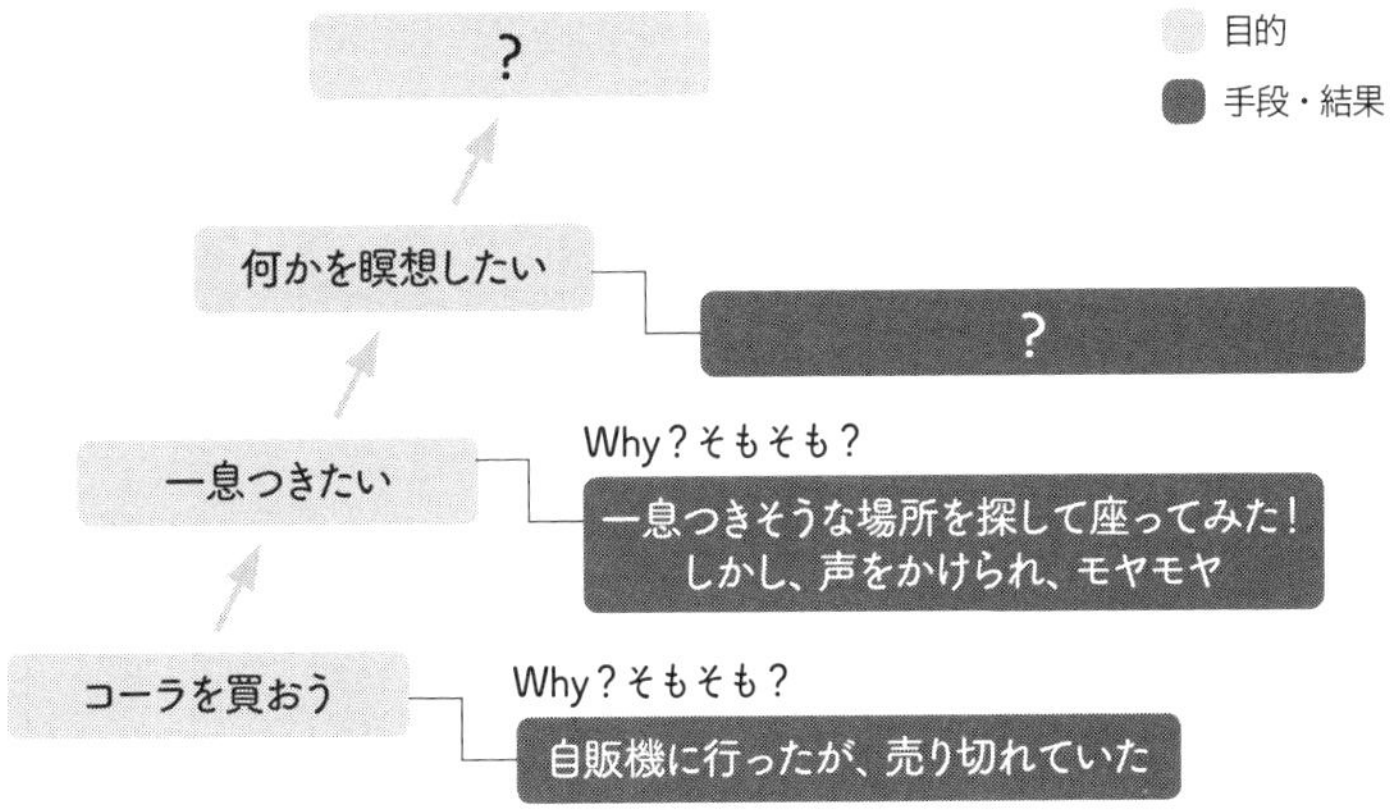
目的
手段・結果
?
何かを瞑想したい
?
Why？そもそも？
一息つきたい
一息つきそうな場所を探して座ってみた！
しかし、声をかけられ、モヤモヤ
Why？そもそも？
コーラを買おう
自販機に行ったが、売り切れていた

てみた。しかし、一息つくどころか、わいわい同僚が声をかけてくるので、まったく気の休まるところではない。そこで、そもそも、一息つきたい目的はなんだろうかと上位の目的を考えてみる。すると「何か瞑想をしてみたい」という上位目的を認識した。その手段をまた探してみる。また、そもそも瞑想をしてみたいという目的の目的はなんだろうと考えていった。これが「目的の目的の発見」だ。

サイボウズで龍太の仕事の一部を「目的の目的の発見」で言語化してみよう（図4-4）。ある時「プログラミング教育」を目にした。青野さんは未来の学びコンソーシアムのアドバイザーに選ばれており、会合に出席した時には「プログラミング教育」に関して報告してくれる。そんなことからプログラミング教育に興味を持った。

いろんな文献やネットで情報を集めてみると、文科省が推進する「2020年に小学校のプログラミング教育の必修化」という国の目標を知った。プログラミングにロボット教材があるが、そもそもロボットで「なぜ、プログラミング教育をするのだろうか」という上位の目的を考えた。すると「児童に論理的思考を学ばせるもの」という目的を認識できた。であれば、手段はロボットではなく、サイボウズのkinton（キントーン）でもよいはずだと教材を作ったが、文科省などからあまり見向きもされない。

しかも、文科省が推進しているスクラッチというビジュアル言語でさえも、先生たちは四

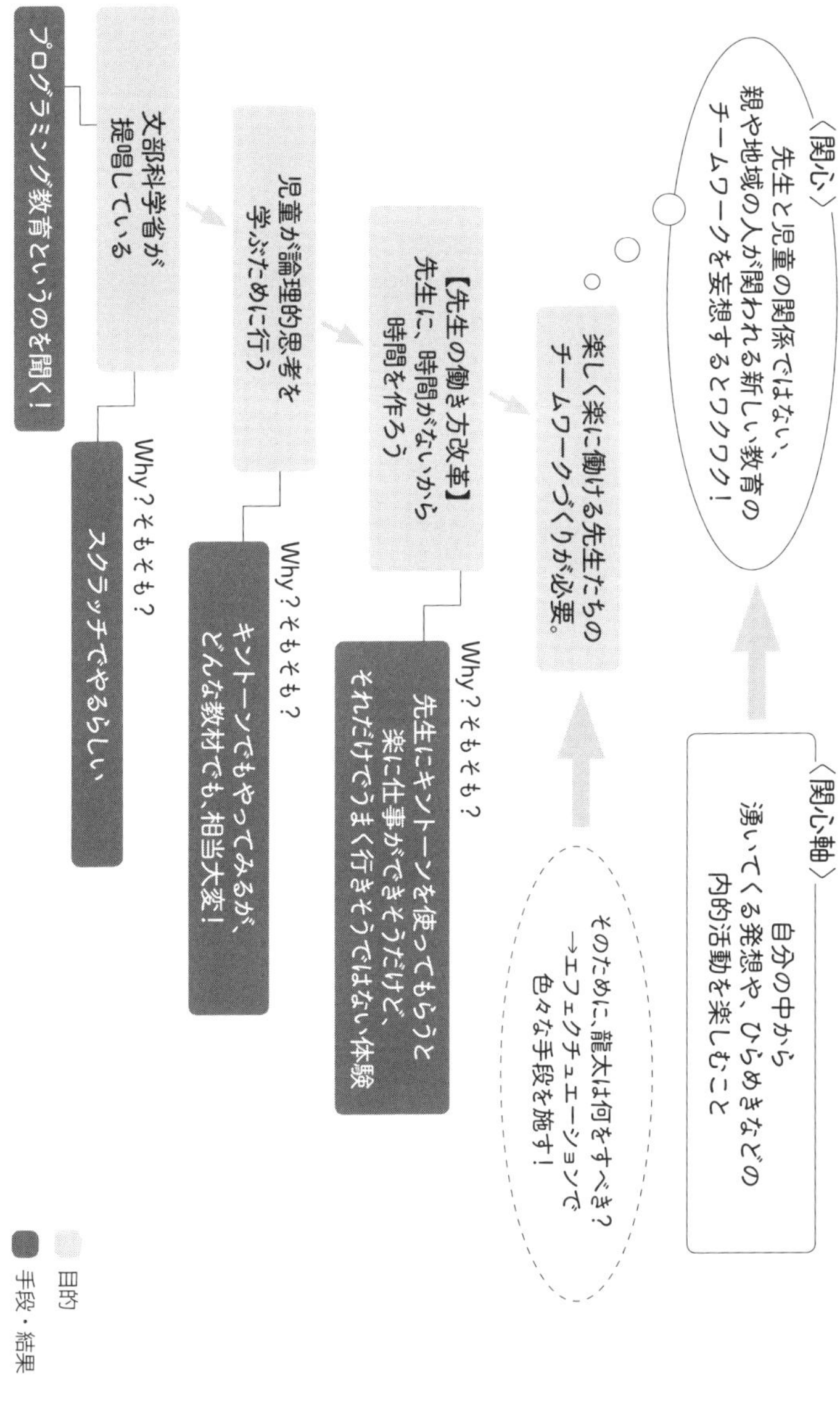

図4-4：目的の目的の発見「プログラミング教育」

苦八苦している。なぜ、先生たちが四苦八苦しているのかと状況を探ると、先生たちの労働時間の多さに気づいた。であるなら、プログラミング教育を普及させるのであれば、上位の目的となる先生の労働時間を縮小させることが先だ！

先生の労働時間を縮小させるために「先生の働き方改革」という上位の目的を捉えて、その手段に民間でも使われているキントーンを使えば良いと妄想した。さっそく学校にキントーンを紹介すると、そこで先生がチームになっていない問題に遭遇する。自分の仕事は自分で完結する組織だったのだ。であれば、またさらに上位の目的を「楽しく楽に働ける先生たちのチームワークづくり」という視点へ切り替えた。そのために、先生と児童の関係ではない、親や地域の人が関われるチームワークづくりができないかと思っている龍太がいた。

このように、一番上の最上位の目的がなんだろうと考えてみたところ、最上位の目的は、自分の関心軸なのではないかと感じている。龍太の場合は、ワークグラムのところで書いた「内的探求や想像などの内的活動をする喜びの軸」に行き着くことに気がつく。「どんな学校が龍太にとってワクワクするのか」が関心の原点。それが良い悪いではない。この関心が、学校というテーマに紐づいている限り、いろんな目的や手段を紐づけることができるのだ。

これを、エフェクチュエーションの行動モデルで説明すると、「利害が互いに影響し合う関係者のコミットメント」の箱に、こんなことができないかと〝おねだり〟をするという行動が実践される。その〝おねだり〟は叶えられないけど、「こういうのはどう？」と別の手段を提案された時に、喜びの源泉になる関心軸、関心の源泉を認識している人ほど、その手段を受け入れられる可能性が高い。一見関係のない「こういうのはどう？」という手段を自分の関心にすることができるわけだ。

すなわち、**関心の源泉を認識している人ほど、エフェクチュエーションの行動サイクルが途切れにくいということに気づいた。**さらに、企業において、個人個人の関心軸と企業理念が結びつけば、様々な手段を導き出せるに違いない。それを企業が選択できるかどうかは、企業に問われることになるが……。

いずれにしろ、関心がエフェクチュエーションアプローチ、強いてはコラボワークスＤｏメソッドをアクセラレーション（加速）するためのキーになることは間違いない！

第5章 複業実践者に聞く、いまむかし［事例紹介］

今まで龍太の複業経験を話してきたが、全員に参考になるわけではないだろう。そこで、5章では、龍太の複業ミニ講座を経て〝複業〟をはじめた先輩たちにインタビューをすることにした。今回、7名の方にインタビューできた。それぞれ、ユニークな形で自分らしい複業ポートフォリオを組んでいる。読者の参考になれば幸いだ。

ここまで、龍太の複業の経験とそこから学んできた世界観を書いてきた。龍太の育んできた複業に出会い、そして、その出会いによって何らかの影響をおよぼした人、およぼされなかった人がいると思う。何も龍太の複業のやり方が、全員にあっているとは思わないし、少しだけ参考になった人もいるだろう。そこで、この数年をさかのぼり、出会った人にもう一度、お会いして、その後の人生を見てみることにした。

子どもが卒業した50歳
自分の素直な気持ちに向き合えた先の仕事！

――石川県野々市在住　髙木眞澄さん（56歳）

髙木眞澄さんとの出会いは2017年11月23日。金沢を拠点にする「働き方未来研究所」の所長である山崎ジョー吉さんが主催した「副業・起業セミナー」だ。彼から、2017年9月29日、久しぶりの声がけがメッセージであった。「金沢で『働き方未来研究所』を立ち上げたので、11月の勤労感謝の日に行うイベントに参加してほしい」という。快く引き受けた。

当日は、祝日にも関わらず、約30人が集まっていた。龍太が参加したパネルディスカッションのあと、他人に目標を立ててもらう「タニモク」と呼ばれるワークショップが、山崎ジョー吉さんのファシリテーションで始まった。龍太は、いくつかのグループを覗き込み、会話を聞いていた。そのうちの、あるグループに参加していたのが髙木眞澄さんだ。髙木さんは手持ちのノートに、みんなのタニモクを可愛い絵で書いていた。まさしく、グラフィックレコーディング！　タニモクが終わったあとで、彼女にそのことを教えてあげたところ、初めて聞く言葉だったらしく、さっそく、ネットで「グラフィックレコーディング」の本を買ったと話してくれた。そのときから、髙木さんは複業のネタを持っている人だと思っていた。

髙木さんは、龍太が参加したイベントに参加して何か変わったのだろうか？　気になっていた龍太は髙木さんにインタビュー依頼をメッセージ。彼女が快く引き受けてくれて、２０１９年10月、彼女が上京するタイミングでお話を伺った。

〈人的資本と社会資本を元に、「研修事業」を再生産〉

まず、そもそも、龍太の影響はあるのかという結論から。それは、Ｙｅｓであった。当時、髙木さんは人材派遣会社の営業の正社員。この仕事につく前にも人材派遣会社の経験や人脈があったため、営業成績は良かったという。その時の3つの資本と資産をまとめると、母親の手1つで子どもを育て教育費を捻出していたために、金融資産はほぼゼロ。人的資本と社会資本は、新社会人として就職した測量会社での事務業務と、結婚後に始めたハンドメイド小物の販売経験、嫁さんを退職後に中途入社した最初の人材派遣会社での経験だ。さらに、ベンチャー企業からお声がかかり転職・販売などを経て、2度目の人材派遣会社へ転職。波乱万丈だ！

そんな時に、龍太が参加するイベントに参加。高木さんは、そのイベントの感想をひと言で「視野が広がった！」と力強く話してくれた。曰く「龍太さんのように複数の仕事を持って働く道がある、いろんなことをやっていいことに気づきました」。

彼女にどんなことが起きたのか。高木さんの仕事は、企業ニーズのヒアリングとそこに合う人をマッチングする仕事だ。せっかくマッチングしそうな人を会社に紹介しても、「すぐに辞めてしまう案件も多く、受け入れ側のスタンスやコミュニケーションに原因があることに、とても危機感を持っていました」。

その状況を見て「人材派遣をしたいわけではなく、人がきちんと働けるように環境を改善したい」という思いから、受け入れ側への研修を自然と実施している高木さんがいたという。それは、もう派遣会社の仕事ではない。イベントに参加したことで、これも複業なんだと認識。お金をいただかないことから始まった複業ではあるが、お金を払っていただけそうな会社もありそうだ。

そこで、自分が働いている人材派遣会社に「お金をもらって、受け入れ研修をやっても良いか？」と確認したところ、あっさりとオッケー。まさに、今までの人的資本と社会資本を元に、受け入れ研修が再生産され、その結果として、金融資産に変わるきっかけとなった。インタビュー時の表情から、高木さんがやっていた自分の振る舞いが、イベントをきっかけに、人材派遣会社やそのお客さん、派遣される人々から肯定されたかのように見えた。

〈3つの資本・資産　ビフォーアフター〉

高木さんの今の3つの資本・資産は、どうなっているのだろう（図5-1）。現在は、人材派遣会社は辞めて「アンカーウーマン金澤」という屋号で、個人事業を営んでいる。ＩＴ会社とアライアンス契約を結び、自分ができることであれば、なんでもする支援だ。もともと、社長からあるマネジャーの育成支援の依頼から始まったものだが、今や商流の紹介から、会社の建物の建設に関することまで多岐にわたる。

定額をいただきながら、できることをサポートするお仕事。そこから入るお金という収入は、子どもを社会人として送り出した環境の変化から、積み上がっていく金融資産となった。それに加え、人財のフィールドでは2社とアライアンスを交わし、人材派遣で培ってきた人的資本と社会資本を元手に、研修企画、コーディネーターや営業サポート、受け入れ会社の研修企画および、研修講師の人材育成などのサービスを提供している。

金融資産、人的資本、社会資本の3つがバランスよくあり、安心感、貢献感、幸福感が生まれた結果の新しい取り組みも始まっていた。事業計画を書かない、エフェクチュエーション的なアプローチによる「グラフィック・ノーティング®」だ。グラフィックレコーディングをノートに描く彼女の天職だ。すでに商標をとり、講習活動に邁進している。もはや、何屋なのかわからない！

最後に「なぜ、一歩を踏み出せたのか？」

図5-1：髙木さんの3つの資本・資産 ビフォーアフター

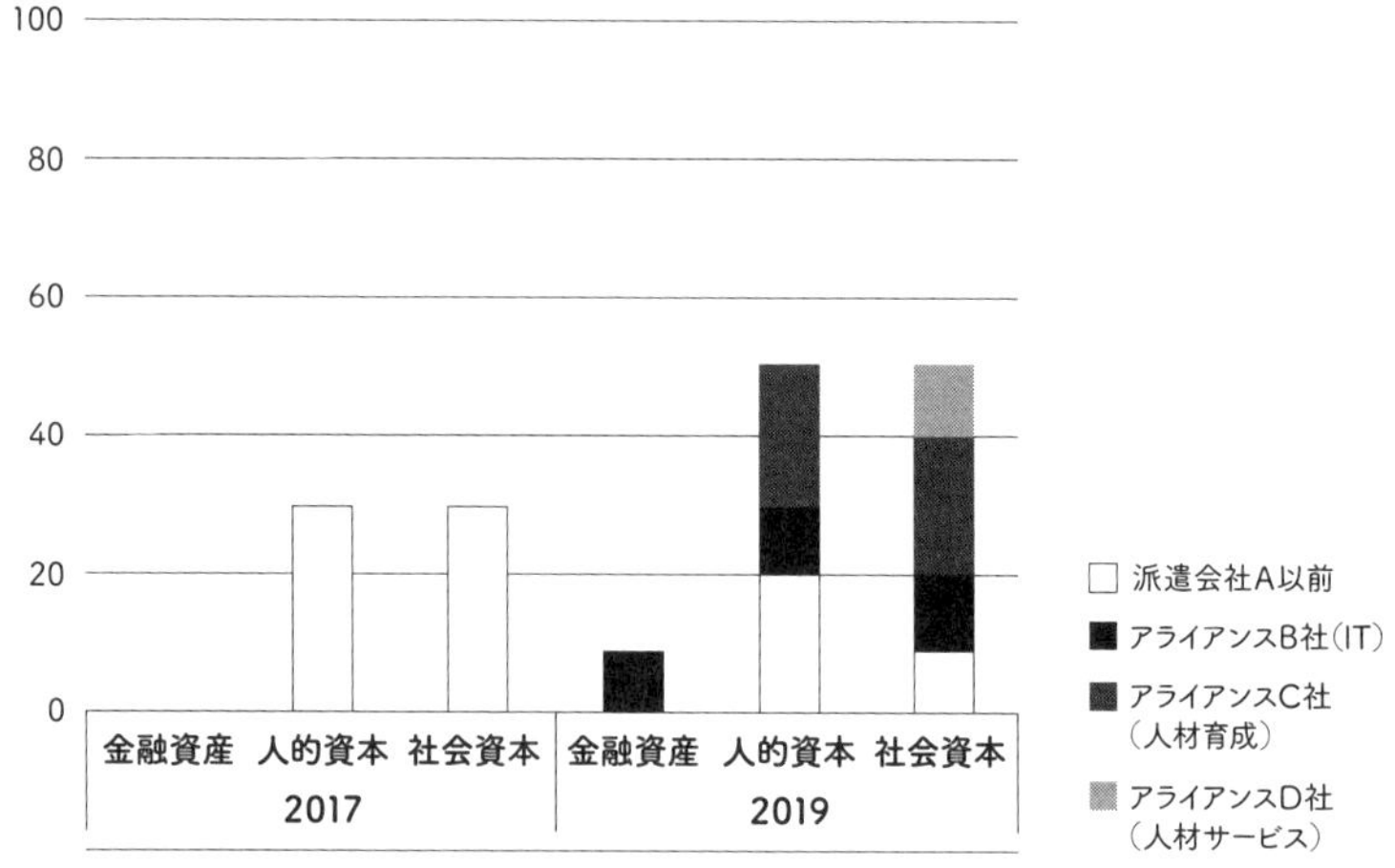

と髙木さんに聞くと、「だめなもの、よいものを全部受け入れること」と、「大学受験失敗のコンプレックスの受け入れたこと」と回答してくれた。ちょっと紐解いてみたいが、これを追求していくと違う本になりそうなので、インタビューはここまで。髙木さん自らが、自分と向き合える機会がどこかにあったのではないかと想像する。

◇◇◇◇◇◇◇◇◇◇◇◇

正社員がイヤ！自分にあった働き方を適える派遣社員へ

――神奈川県在住　橋本園子さん（仮名・33歳）

橋本園子さんに初めて会ったのは、2018年4月26日。彼女は、仕事旅行社が主催した複業体験のミニ講座「一人1つの会社だと誰が決めた！　マルチワークから考える自分らしい生き方入門！」の参加者だった。仕事旅行社の代表である田中翼さんとは、2015年からのお付き合い。龍太は仕事旅行社の「はたらくを学ぶ職業体験」に講座を提供していて、今までに80名近くの人に参加してもらっている。

その講座には「複業」というキーワードで様々な人が来る。今の会社があり続ける保証はないと不安に思う人、一生、今の会社に勤めるイメージはないという人、今の仕事が辛くスッキリ働いてないと思っている人、会社を辞めたいと思っている人、非正規社員だが正規社員以外に何か他の働き方を探している人など様々だ。

一般の複業セミナーは、今の仕事に、そこそこに満足して、さらに高いところを目指している目的意識が高い人たちが多いが、ここに参加する人たちは、今の働き方に、どちらかというと不満、不安になっている人たちが来る。それは、龍太にとってとてもありがたい。なぜなら、世の中のほとんどは、そういう人たちだから。こういう人たちに、どんな貢献ができるのか。自分の人的資本の価値を見極める場だ。今回、この本の書く上で、ぜひ、このミニ講座に参加した人に改めて会って、インタビューしたかった。そして、何人かの人にコンタクトできた。

〈雑務よりも本職に時間を割きたい職人気質〉

さて、講座に参加した橋本さん。当時は、デザイン、クリエイティブ関係の会社に正社員で働いていた。しかし、正社員がイヤで、退職を申し出て有給消化中だった。橋本さんのプロフィールを改めて聞いてみた。

お会いした当時、彼女は31歳。なんとなく絵を描くことは好きだったので芸術系の大学に進学後、デザイン会社に正社員で就職する。その会社で4年間働いて退職。再び、別のデザイン会社に正社員で転職。そこでも4年間働いて退職届を出した。

「なぜ、退職したの？」と興味津々で聞くと、彼女から「長く同じ会社で働くと、雑用が増えるのです」という答えが。雑用とは「デザインをする以外の仕事。例えば、会議のセッティング、社内の飲み会の企画など」だという。なるほど！　どの会社にもあるシチュエーションだ。龍太の経験でも、「郵便を出して来て！」「○○を買って来て」など、若い時によく言われたものだ。会社の中で何年かいると、仕事の概要、お客様、職場の地理的環境、社員の役割や雰囲気がわかり、いろんなことに対処できるスキルを自然に持つ。

仕事には本職以外に、こういった〝隙間の仕事〟がある。その仕事をこなす役割を持つ人も必要だし、それを好む人もいる。しかし、話を聞くと橋本さんの仕事のスタイルは「本職で言われたものを、一番良いものをその期間に出す」というスタイルだった。入社したては我慢できるが、雑務は苦痛だけでしかない。雑務を断ることもできるだろうが、そこで摩擦を起こすことは、彼女の意図することではない。単に良い成果物を出したいだけなのだが、それを考慮してくれる会社はあまりないだろう。だから、長く同じ会社に勤められない。

〈様々なテクニックを学べる、派遣という働き方〉

龍太のミニ講座に来た理由を聞くと、非正規、正規、フリーランス以外に働き方はないものかと思っていたところ、「複業」というワードが気になり参加したそうだ。ミニ講座に参加したあと、彼女はどんな仕事を選んだのだろうか。

それは、派遣社員。誤解を招かないためにお断りしておくと、このミニ講座を受けたからではない。派遣社員になることは、橋本さんが退職前に以前から決めていたことだ。この業界には、デザイナーのための派遣会社や紹介予定派遣という仕組みがある。紹介予定派遣とは、派遣期間（最長6ヶ月）終了後、本人と派遣先企業双方合意の元に社員となる働き方だ。そこに登録していた。派遣会社に、必要とされるデザイン関係の会社からデザイナーの依頼があり条件が合致すると、その会社に派遣される。

橋本さんは、その仕組みを使って、様々な会社に派遣されている。彼女は平均3ヶ月〜4ヶ月程度で、会社を渡り歩く働き方を選んだ。紹介予定派遣で正社員になることなど、今は考えていない。なぜ、その働き方を選んでいるのか。派遣だから雑務がない。もちろんそれもあるが、あくまで前提にすぎない。それよりも重要なことは、それぞれの派遣先でデザインでこだわりを置くところが違うからだという。

デザインのこだわりが異なることにより、様々なテクニックを学ぶ必要が出てくる。わからないことは、ネットなどで調べてデザインをしてみる。思った通りにデザインするための試行錯誤が、橋本さんにとって楽しいのだ。

橋本さんに言わせると、1つのデザイン会社は同じクライアントが多い。必要となるテクニックも同じだ。そこでは、デザインでチャレンジする機会がない。彼女は、クライアントが違うことによる人的資本の再生産を選んだわけだ。すごい！

〈3つの資本・資産 ビフォーアフター〉

橋本さんは、この1年で派遣先を4回変わっている。そのたびに新しいテクニックを身につける楽しみも、龍太に言わせたら複業だ。しかし、派遣社員の生活だと金融資産はどうなのか。聞いてみたところ、若いながらも、正社員の頃から贅沢はしていないので、少々貯金はあるらしい。派遣社員は時間によるお給料だ。残業があれば多くなるが、以前の正社員に比べると平均すると9割くらい。さらに、派遣業務以外にネットのサービスを利用した業務委託もこなして、生活費の足しにしているとのこと。正社員の頃よりは、少し貯金が減ったが、見たところ不安はなし（図5-2）。

図5-2：橋本さんの3つの資本・資産 ビフォーアフター

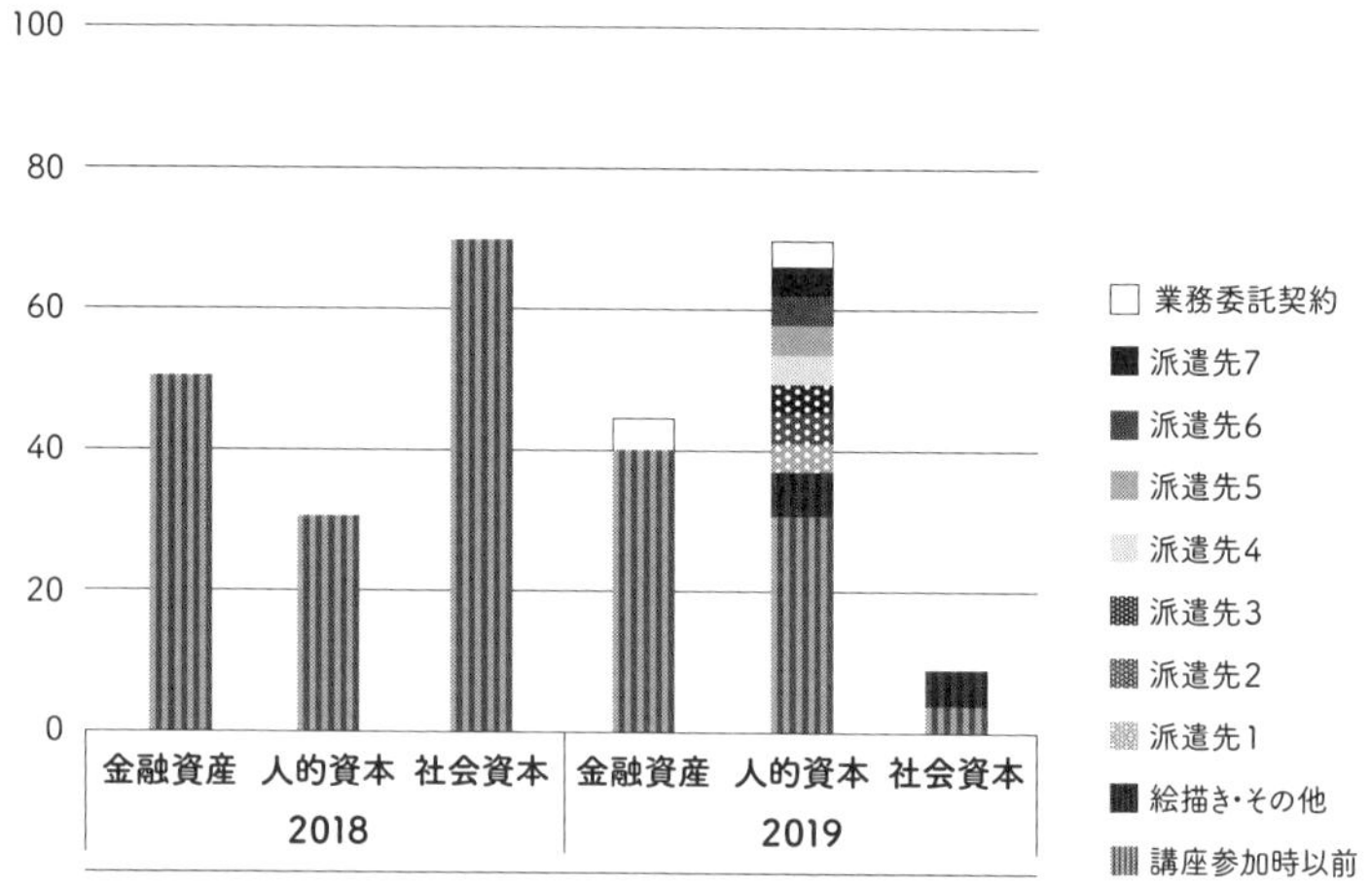

「実は、この業務委託はとても大切なものなのだ」と、彼女が説明し始めた。業務委託はたんなる小さなお金の稼ぎではなく、その成果物を自分の作品としてアピールできる点が重要なのだという。派遣の場合は、それが派遣先の作品となり自分の人的資本としてアピールできないのだ。派遣でテクニックを学ぶことは有益だが、さらにそれを自分の資本として外部に露出する手段はとても大切だ。派遣と業務委託の複業の組み合わせの大切さを龍太は学んだ。

橋本さんには、もう1つの楽しみがある。それは、4年前より土日にやっている、好きな絵を描くことだ。絵を描ける場所が都内にあり、一定の月額を支払ってその場所に好きな時に通う。

彼女に「なぜ描くの？」と聞くと「朝、起きて歯を磨くことと同じ。磨かないと気持ち悪いんです」と返ってきた。愚問であった！

彼女は、昨年からその絵画をいろんな展示会に出している。直近では、ニューヨークにも出展したそうだ。彼女曰く、日本で出展するより海外に出展するほうが、評価をしてくれる人が多いとのこと。まだ、絵が売れたことはないというが、自分の人的資本を社会資本や金融資産に変換する活動に、素直に感動した。

最後に、人と人との繋がりを意味する社会資本は、正社員の転職前と派遣契約後とどう変わったのだろうか？　彼女からの回答は龍太にとって驚くべきものだった。

「最近、友人・同期同僚の連絡先をすべて消して携帯番号も変えて意図的にクリアにしました。SNSもやってないので、友達ゼロです！　当時私の持っていた関係は、たまたま同じクラスや会社にいただけの縁故で、つながるといっても生産性のない飲みニケーションが中心でした。あってもなくても変わらない関係に重きを置く必然性を感じなかったから、ゼロにしました」。

龍太の予想を超えた回答だった！

龍太が解釈すると、正社員から派遣社員にかけて貯めてきたプロ意識やスキル・経験を積んだからこその人的資本と、ある程度の金融資産で、安心感と貢献感を得ている状況だ。「2本の棒があれば生きていける法則」により、それと親和性のない社会資本は、むしろ心理的に逆に足かせになったのだろう。それをリセットして、新たに、今の人的資本で社会資本を育む心地よさの選択。世の中に勇気を与える事例だ！

◇◇◇◇◇◇◇

夫婦で田舎で暮らしたい！　移住に向けて邁進中

――東京都在住　坂口佳伸さん（仮名・41歳）、実鈴さん（仮名・39歳）

坂口夫婦も橋本さんと同じ、仕事旅行社の複業体験ミニ講座の参加者だ。夫婦で参加するのは、とても珍しいのでよく覚えている。今回のインタビューも夫婦で参加していただけた。さっそく参加動機を聞くと、実鈴さんが「ミニ講座に参加したのはいろいろ考えていた時で、仕事旅行社のほかの仕事体験にもいろいろ申し込んでたんですよ。千葉にある美術館の館長体験にもいきました！」と話してくれた。

実鈴さんは、福祉関係の大学を出て、福祉関係の企業に正社員で就職。3年勤めたあと、嘱託の契約で2年。その後、29歳の時に、30歳までに海外で生活してみたいとワーキングホリデーを使ってニュージーランドに半年住む。すごい行動力だ。日本に帰ってきて、靴屋さん、高齢者の福祉、医療事務、老人ホームの立ち上げなどいろいろ経験。一貫して、人をサポートするのが好きな実鈴さんは、その後、山のイベントで旦那さんの佳伸さんと出会い結婚する。そう、実鈴さんは山が好き！

旦那さんの佳伸さんは高校を卒業後、大学には行かず、アルバイトをしながら生活。5年目に都内の自動車の販売会社に正社員で就職する。8年間勤めたあとに、機械式駐車場の工事や保守の仕事に転職し、もう11年になるベテランだ。

〈もう、東京から離れたい〉

そんな二人が嫌なことは、都会での暮らしだ。佳伸さんは、繁忙期には残業が続く。一ヶ月間、地方都市の工事現場に出かけて東京の自宅に戻れないことも。そんな地方生活で出会った友達を見ていると、皆、とても生き生きしている。彼らに話を聞くと、もっとのんびりと、忙しくない暮らしができるのではないかと、佳伸さんは地方暮らしに憧れた。趣味のカメラでの撮影ももっとできるのではないかと想像する。

一方、実鈴さん。都会の満員電車がイヤで人混みも嫌い。休日は自然を求め、人がなるべくいないところで過ごす。それがとても心地よい。仕事上、高齢者や障害者からの相談が多く、一度、身体を壊したこともある。好きな仕事ではあるが、ホスピタリティを提供する分、ストレスも大きい。

インタビュー中に「もう、東京にいたくない……」という言葉が二人の口から飛び出した。まさに、都会の中にある「近代社会の物語」の中に出てくる主人公だ。そんな中、２０１８年、坂口夫婦は龍太のミニ講座に来た。そこから何が変わったのだろうか。

〈移住に向けて二人で準備を始める〉

佳伸さんは地方に出張中、飲食店で地元の人たちとその地域での暮らしについて、積極的に話をするようになったそうだ。まさに、会社の出張という機会を使った「移住のための現地調査」だ！　長崎、仙台、甲府など地方都市を回る。時には地方都市周辺まで足をのばすことも。普通だと地方に行っても仕事に忙殺されるが、佳伸さんは、本業の資源をうまく使い、地方の情報を知識として蓄えるという人的資本を再生産した。龍太の解釈では素敵な複業だ。

実鈴さんは、どうだったんだろうか。実鈴さんは、龍太のワークショップで学んだWill Can Mustの3つの円の上でやりたいことを言語化。それを元に、興味がある移住イベントなどに出向いたり、佳伸さんと一緒に地方に出かけたりした。しかし、なかなかその先に進まない。どうしたら次のアクションに進めるのかと考えた末に、彼女は決断する。今年で今の仕事を辞めて、実際に地方に入り、機会があればお試しでも良いので暮らしてみるとのこと。なんとも、実鈴さんらしい振る舞い！ 今まで貯めた金融資産を元手に、地方の新しい体験という人的資本を手に入れにいく楽しい旅になるはずだ。

〈3つの資本・資産 ビフォーアフター〉

夫婦で共稼ぎしている場合、夫と妻の別々で資本・資産を見るのではなく、世帯の資本・資産でみると良い（図5-3）。龍太も今回、それがとても大切だと学んだ。坂口夫妻のように、二人の理想の暮らしが同じときは、さらにだ。

また、今回のように地方に暮らしの場所を変える彼らに、龍太は1つアドバイスをした。それは、東京の物価と地方の物価ではインフラコストが違うので、今の金融資産は、何もしなくても資産価値が上がるということだ。

例えば、日本人が、物価の安い国に旅行に行ったようなものだ。日本で１００円の商品が、そこでは50円だとすれば、今持っている１００円は2倍の価値になる。実鈴さんがこれから地方に移住するために必要となる調査コストは、実際に移住をしてしまえば、その調査コストすら帳消しにできるかもしれない。そのくらい、金融資産の価値が上がる可能性がある。

しかも、今、地方は「おいでおいで」モード。自治体から、移住人口拡大、交流人口拡大策が打たれ、様々な支援サービスも充実している。

佳伸さんの趣味の写真も複業の1つにしたいという。来年以降の二人が楽しみだ。

図5-3：坂口夫妻の３つの資本・資産 ビフォーアフター

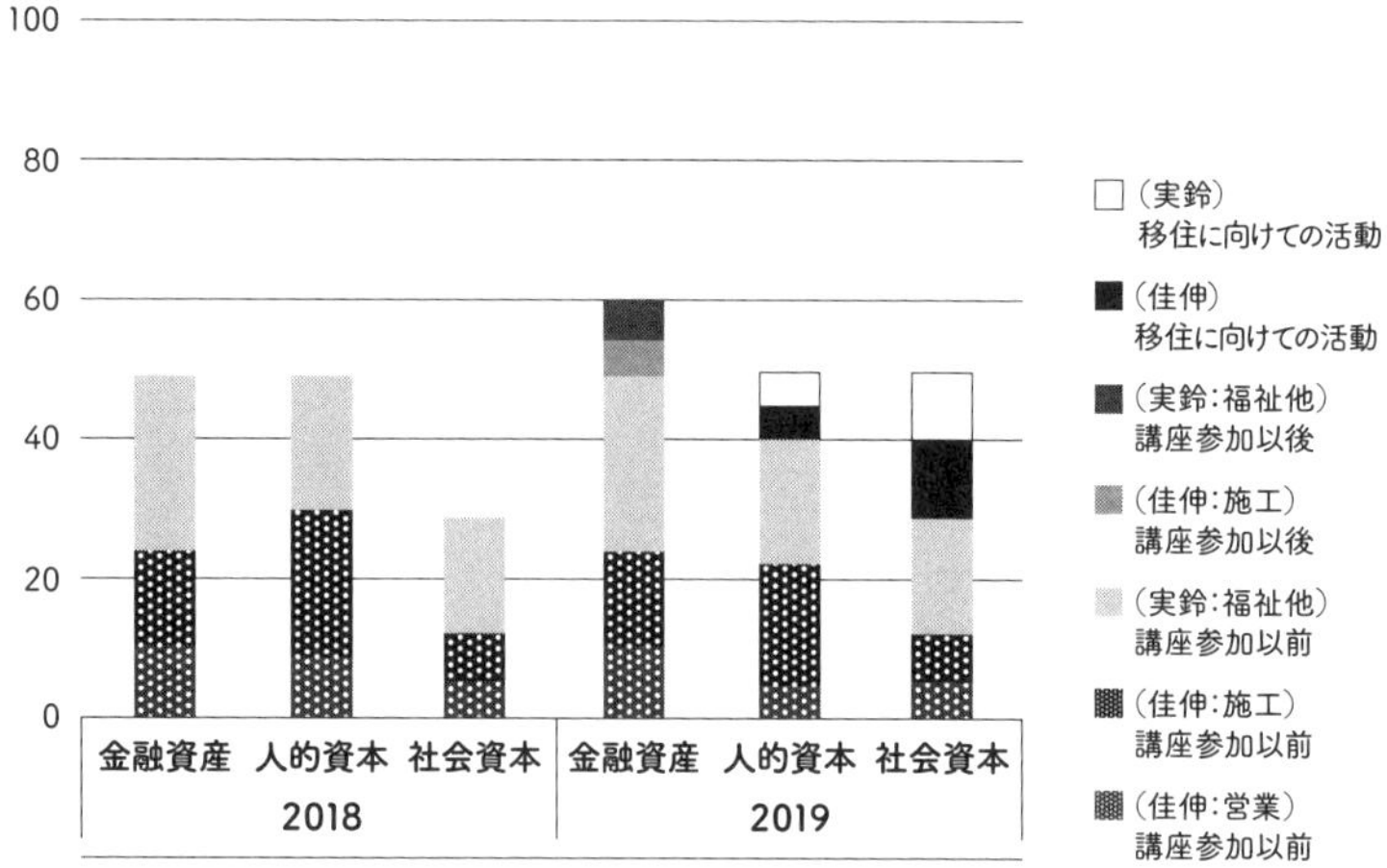

自己肯定からの認知で、爆発的に人的資本を生み出す

――静岡県駿東郡長泉町在住　渡辺ノリタカさん（31歳）

龍太のセミナーに参加した人を探していた時のこと。熱海のイベントに登壇したことを思い出した。そのイベントは、2018年7月7日～8日に開催された「Startup Camp in Atami」。熱海の「住みたい街、関わりたい街で、仕事をつくる」の事業化を体感する2日間のイベントだ。龍太は2日間のメンターをつとめたが、そこで「賢く失敗をする」というコラボワークス Doメソッドの話をした記憶がある。依頼をしてきたのが、『熱海の奇跡―いかにして活気を取り戻したのか』（2018年、東洋経済新報社）で有名な市来広一郎さんだった。

このイベントを思い出した龍太は、思いつくと同時に市来さんに連絡。インタビューに協力していただけそうな人を相談したところ、名前が出てきたのが、渡辺ノリタカさんだ。お会いして、最初に「龍太の話は覚えていますか？」と聞いてみたところ、「覚えてない」という返答が……。まあ、よくある話だ。しかし、龍太が参加した「Startup Camp in Atami」を起点にかなり変わったという。どこが変わったのだろうか。

〈自己肯定をきっかけに、得意の恋愛相談で起業！〉

渡辺さんは1988年生まれ、昭和最後の年に生まれた。静岡生まれで、大学を卒業してテレビ放送関係の会社に正社員で就職。埼玉に赴任し2年半勤めるものの、仕事が辛く退職。ピースボードのポスター貼りをしながら南半球を世界一周したあとは（本人は2年間ニートと表現していたが）、アフィリエイトや転売ビジネス、ココナラで恋愛相談やダイエット相談をしながら暮らしていたという。最初に就職した会社に固執しない20代によく見かける青年だ。

2016年4月、付き合っていた彼女の紹介で、市来さんが経営する熱海のゲストハウス「MARUYA」に週一、掃除の役割でアルバイトに入る。この頃から熱海との関わりが増え、アルバイトを初めて3年目に正社員になる。この時「Startup Camp in Atami」に参加。渡辺さんの事業化のテーマは「恋愛相談」だった。

当時、ココナラで200件におよぶ恋愛相談にのって4.9の評価を受けていた。それを事業化するという内容だった。そのメンター役についた龍太は、べったりではないが、恋愛相談で家を建てたいという目標に向けた事業プランを「おもろい人だなぁ」と傾聴していた。

渡辺さんに、このイベントで何を感じたかを聞いてみた。それは、龍太や他の人たちが、陽のあたらない恋愛相談にとても関心を持って聴いてくれたことによる自己肯定だった。そこから、「恋愛相談をやってみていていいんだ！」という気持ちを自分の長所として認めた渡辺さんは、初めて会う人に「恋愛相談しています」と自然体で言えるようになったそうだ。

〈3つの資本・資産　ビフォーアフター〉

渡辺さんの3つの資本・資産。イベントに参加する前を見てみよう（図5-4）。金融資産である貯金は、そこそこあった。世界一周でお金は使い果たし、その後の収入は微々たるものではあるが、地方に住んでいて支出がほとんどなかったからだ。

人的資本は、金融資産と比べると半分程度だ。テレビ放送会社で培った基本的なマナーやメールなどの基礎的なスキルを元手に、世界一周旅行で幸せの意味を知る。「MARUYA」での掃除や整理整頓を効率的に行うスキルも人的資本だ。さらに、ニート時代に培われた文章力やネットスキルが彼の総人的資本だ。

社会資本はさらにわずか。現在は結婚した彼女と、熱海のゲストハウス「MARUYA」のスタッフを入れた5人だけで、遊ぶ相手などはいなかったという。

イベント参加後、現在の3つの資本資産も見てみよう。金融資産は当時の倍になった。現在も同じく支出が少ないので、毎月一定額が手元に残る。

図5-4：渡辺さんの3つの資本・資産 ビフォーアフター

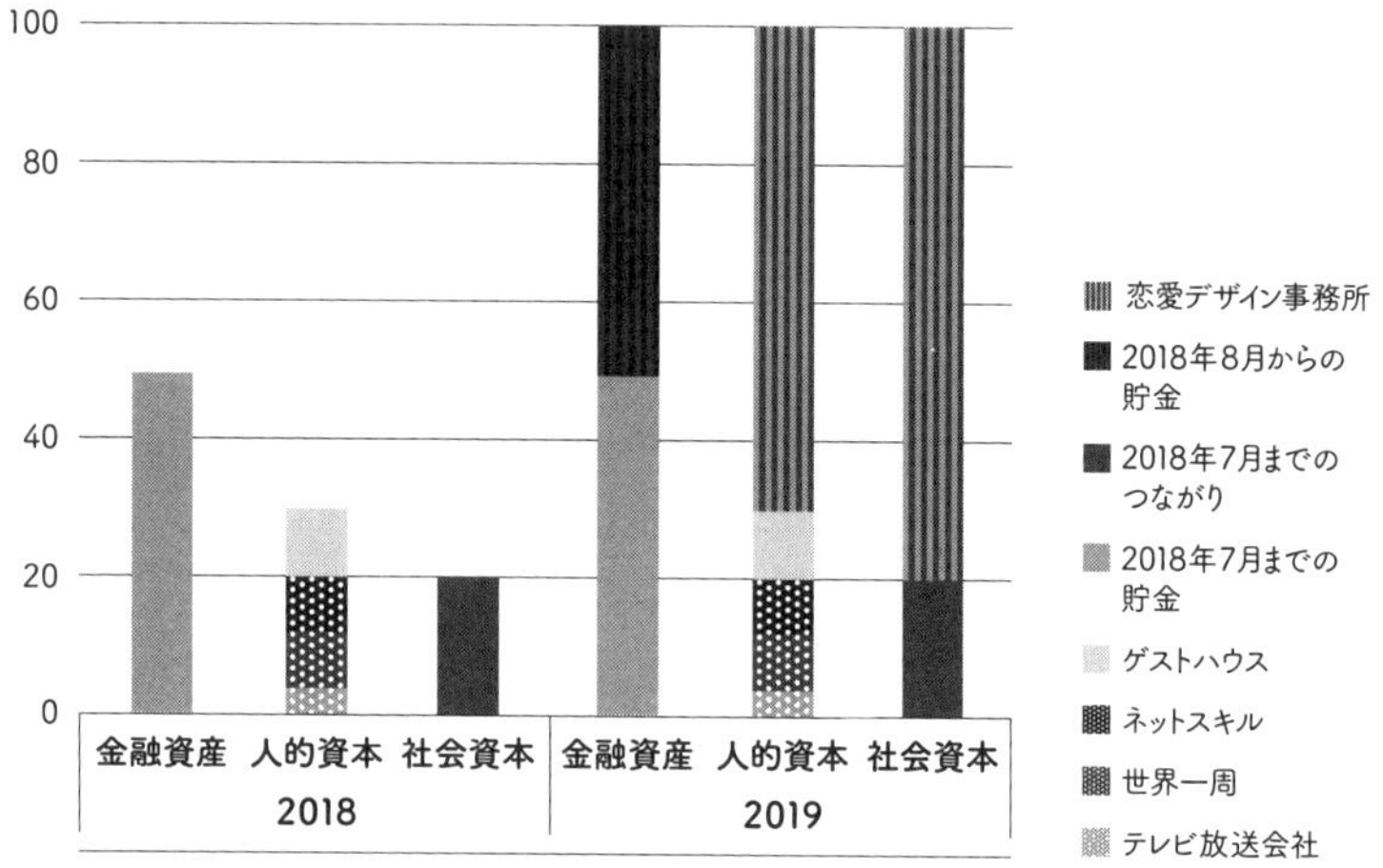

そして、人的資本が金融資産と同じくらいに増えていた！　いきなりどうしたことかと、聞いてみると、イベントを境に、様々なスキルを「認知」したという。まず、自分で知らず知らずに実践していた「傾聴」スキル。また恋愛相談が、人間いや人類にとって、とても大切な意味を持っていることも認知した。

龍太の解釈では、関心を持つ環境によってスキルに意味づけがされた好例だ。イベントでの肯定から生まれ出た相談の力。渡辺さんに言わせれば、恋愛相談に必要な質問力、傾聴力、沈黙の力の言語化がなされた。同時に、自分は何をしたいのか、思考の投資をするようになったという。

認知は時に爆発的に人的資本を生み出す。一般的に、会社という環境では気づかなかった価値に、他の環境や考えの元で、すごい価値を持つものだと認知されることが多い。龍太のコラボワークスの経営方針に「価値の新しい可能性を生み出す」という言葉がある。これは、どんなことにも価値があるというのが前提の考えだ。

最後に渡辺さんの社会資本はというと、十人程度増えたという。相変わらず少人数だが、ディープに付き合う人が増えたそうだ。「恋愛相談」という人的資本から、関心を持つ人たちの再生産が読み取れた。再生産の利率である信頼。「信頼＝人的資本×関心度」の計算式が当てはまる。

恋愛相談から生まれた共通の価値を持つ人たちとのディープな関係。それがとても楽しい！人的資本は、そもそも誰もが持っている！それを肯定するだけで、幸せになる事例だ。

◇◇◇◇◇◇◇◇

複業NGの企業でもできる複業のカタチ

――東京在住　早瀬花奈さん（39歳）

早瀬花奈さんと初めて会ったのは名古屋だった。ある仕事で知り合った男性から、彼が主催している「名古屋女子勉強会」で、複業について話してほしいとお誘いを受けた。主催者が男性の女子勉強会とは珍しい。複数の参加者がお金を出し合い、講演者の旅費交通費を出す仕組みで運営しているそうだ。名古屋からだと、個人で東京のセミナーなどを聞きにいくより、安い費用で開催できる。

勉強会は、龍太が複業を初めてまだ2年目の2015年10月30日の夜に開催された。目の前には、文字通り女子ばかり。名古屋らしく自動車関係にお勤めの、おそらく総合職や一部には管理職がほとんどだ。その中でひときわ目立っていたのが、自動車ではない会社の参加者だった早瀬さんだ。

〈金融資本の投資で人的資本・社会資本を再生産！〉

当時は名古屋にお住いだったが、現在は東京にお住いということもあり、今回のインタビューに快諾いただいた。さっそく、勉強会への参加動機を伺った。

「当時、博士号を取るために大学院に通っていて、会社と大学院という経験・キャリアを、別の大学で講演を頼まれることもありました。新規事業開発の仕事をしていたので、キャリアの話で秘密情報に関わることが話されるのではないかなど、会社の中で良い顔をしていない人がいました。そんなとき『複業』という文字を目にして興味を持ったんです」

女性が仕事をしながら大学院に通う生き方は、今でもどちらかというと珍しい光景だ。さらに、本業をこなしながら講演活動に励む35歳の女性。龍太のイメージでは、保守的な感がある名古屋において、彼女の生き方はかなり目立っていたのではないだろうか、と思う。そんな折に龍太の講演を聞いて、早瀬さんは何を感じたのかを聞いてみた。

彼女は「間違ってはなかった」とひと言。龍太の話で背中を押された彼女は、周囲からのネガティブな目に屈せず、自分の活動を続けたそうだ。

〈社長に直談判して新規事業の開発部署へ〉

彼女は、大学で英文科を専攻し卒業後、全国でも名の知れている名古屋の企業に就職する。そこでの配属は秘書課を希望したという。秘書課に興味を持った理由は「会社を俯瞰して見られる部署だったから」。面白い発想だ。

しかし、いざ入社してみると（社会ではよくある話だが）予想とは違ったため、25歳頃から転職を考え始めたという。3年ほど歳月が経ち、その旨を社長に打ち明けると異動になる。今度は、会社で新しくできる新規事業開発の部署だった。

そこで、いろんな経験をすることになる。本社にいながら、新規事業を実際に行っている関係会社にも出入りができたという。ここが、龍太が面白いと思った話だ。これぞ、社内複業！本社でも、プロジェクトで支援が欲しい時には各部署から呼び出された。

そこで培われた人的資本は、今までのフレームワークに当てはめてもうまくいかない経験と、そこからの新規事業の考え方だ。個人的にグロービスに通い必要だと思ったマーケティングの知識を習得し、実際に新規事業を運営する関係会社の設立から運用までも経験した。

また、何もないところから自分で調べ実施した。関係会社では大学とのコラボレーションが多く、ある先生から論文を書いたらどうかとアドバイスを受け、自腹で大学院に行って博士号にチャレンジする。学生と朝まで議論していることが楽しかった。彼女が、勉強会の会場でひときわ目立っていたのは、そういうことかと、いまさらながらに納得した。

その頃の早瀬さんの社会資本を見てみると、本業に時間を割いていたにも関わらず、社内のつながりの量は少ない。それよりも外部の人たちとのつながり、当時、大学院に通っていた時の人脈が大きい。彼女らしい資本だ。

金融資産は？　と聞くと「ほとんどない」という回答が。稼いだお金は、生活費やすべて大学院などの学びに投資したそうだ。会社からお金がでる企業もあるが、彼女はすべて自腹！金融資産を貯めずに、専業の会社でいただく給料というお金を人的資本と社会資本に投資をして、資本を再生産したのだ。これぞ、金融資産の有効的な活用。少しやりすぎかもしれないがすばらしい！

〈3つの資本・資産　ビフォーアフター〉

今回、インタビューをしたのは2019年11月。彼女の3つの資本資産はどう変化しているのだろうか（図5-5）。

早瀬さんは2017年に結婚。お相手はイベントで知り合ったイタリアンシェフ。現在、旦那さんが岐阜にお店を持ったので、彼女は時々「東京」から戻り、会計周りやお店の手伝いを楽しくしているらしい……。そう、早瀬さんは、今「東京」で働いている。名古屋の会社を16年勤め上げ、2019年の初めに転職した。結婚しているのに、別居（！）という選択をするあたり、個人事業主としての経験が彼女の中に宿っているように思えた。

なぜ会社を辞めたのかを伺うと、旦那さんから「会社は、本当にやりたいことなの？」と聞かれたことがきっかけだったと答えが返ってきた。現在は、東京にある、技術と金融で事業化

図5-5：早瀬さんの３つの資本・資産 ビフォーアフター

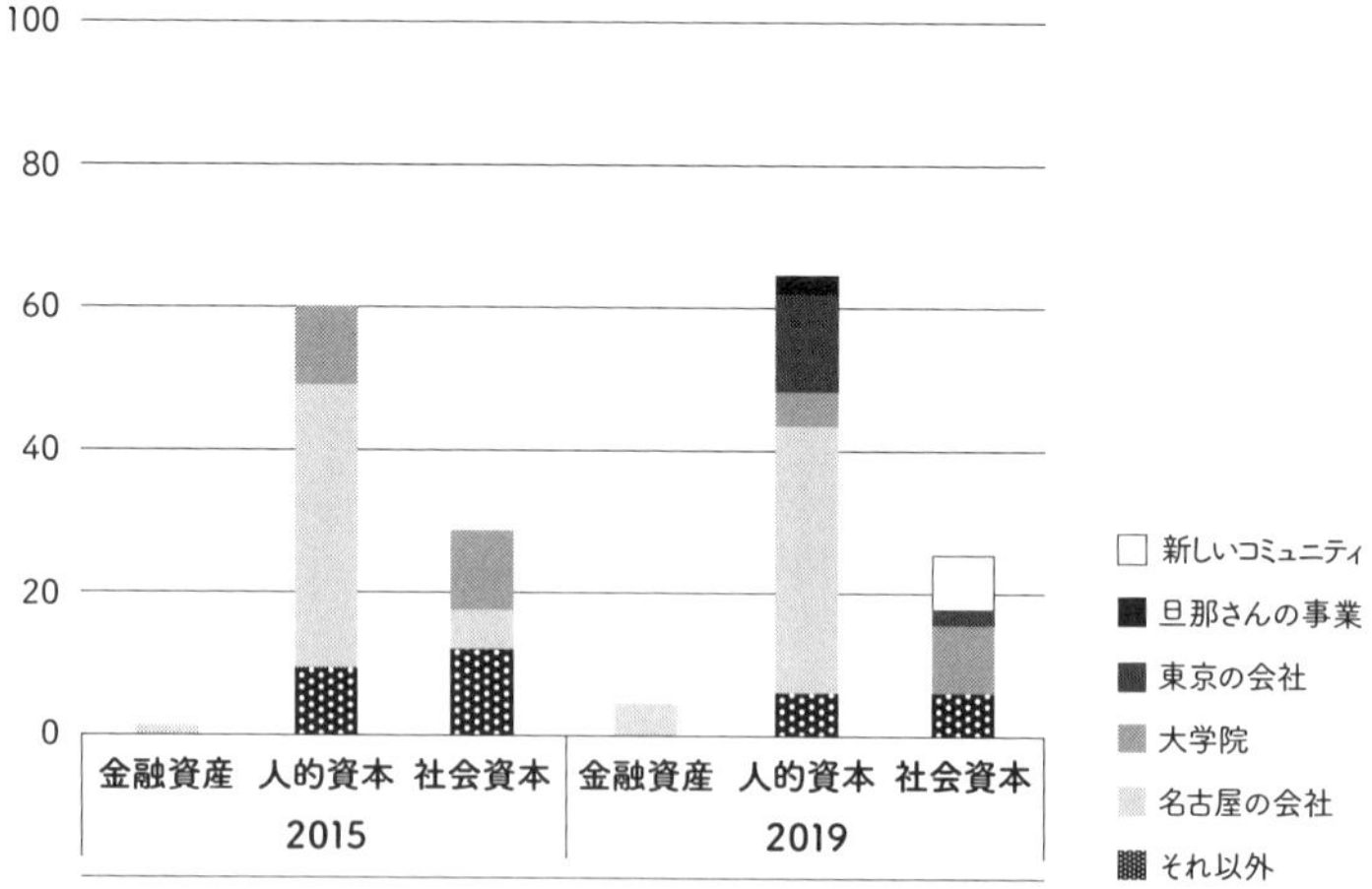

を推進するグループ企業の親会社で、新規事業を推進する役割を担う。親会社と関連会社の２枚の名刺を持つ日々だ。

前職で培ったスキルや大学院の研究を元手に、新しいチーム運営などの経験を積んでいる。人的資本の全体のボリュームはほぼ変わらないが、中身は変化し、社内グループ複業で人的資本は順調に育まれているようだ。前職の人的資本は陳腐化していくものだが、そこに再生産された人的資本が積み上がる。

好きなことこそ、資本は自然に育まれる。そもそも、早瀬さんの関心はどこにあるのか、会話の中から探ってみた。その１つとして見えたものは、周囲からは能動的で積極的な部分に注目が集まりそうだが、龍太的には、受動的に何かに尽くすことに喜びを感じる部分もありそうだと感じた。そこからの自発的なオーガニックな行動。素敵だ！

その結果、人的資本を増やす活動から育まれる「信頼」という社会資本は、2015年と比べると、「大学院」でのつながりよりも、より実務に直結した実践的なコミュニティー（「東京の会社」）へと中身が変化しているのがわかる。そして、金融資産。あまり残せていなかった以前のスタイルから、少しずつだが、育まれ始めていた（図5-5）。

彼女は、今も昔も「複業は認められていない企業」に勤めながらも、社内での交流から人的資本を生み出し、個人の金融資産を削って投資する人脈づくりといったカタチで、龍太の定義する「複業」を実践している。また、これは龍太の予想だが、今後は旦那さんのイタリアンレストラン事業において、東京と岐阜という「環境のギャップ」から、新しい資本が生み出されるとにらんでいる。将来が楽しみだ。

虚しさからの本屋との出会い。一番やりたかった仕事を主軸に週3の派遣社員へ！

――神奈川県在住　澤田ともえさん（仮名・36歳）

澤田ともえさんは、仕事旅行社のミニ講座に参加した方。インタビューのご協力が可能かどうかを連絡すると、少し経ってから嬉しいメッセージが届いた。

「私は2018年の5月頃に参加し、気がつけば、現在は2つの仕事を掛け持ちして働く複業スタイルになっています。ご連絡をいただくまで、自分でもあまり自覚がなかったのですが、そういえば……と思い、中村さんの講座に参加した時に書いたメモを見返したら、わりと適っていることに気づきました。もしよろしければ、ぜひ、お話させてください」と。

嬉しい！　本当に嬉しい。インタビューするカフェに出向くと、お互い緊張しながら挨拶。カフェオレをオーダーしたあと、澤田さんはカバンを手にして、当時、彼女が書いたＷｉｌｌ Ｃａｎ Ｍｕｓｔの3つの円を龍太に見せてくれた。求められていること、やるべきことに書いてあること「会計帳簿、入力、他人の補佐、手伝い」「税理士の道に進むこと、極めること」「給与計算、会社へのコンサル、アドバイス」。そう、当時、澤田さんは、東京の有名な私立大学を卒業後、新卒で入った会社で総務、労務の仕事を経験後に転職し、会計事務所に正社員で勤めていた。

〈魂がよろこぶ「本に関すること」がやりたい〉

やるべきことでやれることは、「会計帳簿、入力、他人の補佐、手伝い」と認識。「税理士の道に進むこと、極めること」「給与計算、会社へのコンサル、アドバイス」は、やりたいことではなかったと記載している。当時、会計事務所では、税理士を目指す人たちが周りに多くいて、その人たちが税に関する知識を貪るように学んでいる光景を目の当たりにしていた。しかし、澤田さんにとって、意識の高さや勉強に打ち込む姿勢が自分の感覚と何か違うなと感じていたと語る。

やりたいことの円の横に「本に関すること」と書いてあったので「これは何ですか？」と質問をしてみた。澤田さんは、学生時代にスポーツや勉強で、困ったことはなかったと話してくれた。しかし、彼女から出てきた「虚しさがあった」という言葉が気になった。意味を調べてみると「虚しさ」とは「心がうつろになり、充実感が得られない感じ。空虚を感じるさま」。龍太はあまり経験していない感覚だと認識した。生きている実感がないということなのだろうかと考えながら、そのまま彼女の話を聞いた。

彼女の言う「虚しさ」とは、「自分が何を求めて生きているのか？」「何のために生きているのか？」「なぜ、この世界があるのか？」「なぜ地球があるのか？」という疑問が浮かび、その理由がわからない状態が苦しくて辛いということだった。この感覚が中学の頃から。ずっと長い間、こういった話をできる人がいなかった。

しかし、22歳のときに偶然の出会いが彼女を待っていた。それは散歩中に出会った本屋さん。本屋さんに入ってみて感じた居心地の良さ。そこで出会ったバシャールなどの本を読むとき、彼女の言葉をそのまま書くと「魂がよろこぶ」という。大学卒業後も、仕事をしながら土日には、この書店によく通っていた。

〈3つの資本・資産　ビフォーアフター〉

澤田さんがミニ講座を受講したのは2018年5月24日。その頃の澤田さんの3つの資本・資産の状態を見てみよう（図5-6）。人的資本は、先ほどの3つの円で言語化された会計事務所で働いていた会計のスキルと、その前の会社で経験した総務、労務のスキルだった。それを元手に積み上げた金融資産は貯金。どちらも同じくらいだ。社会資本は、その2つよりやや少ないくらいに推移していた。

澤田さんは、ミニ講座で何に気づいたのだろうか。それは「複業のリアル」。漠然としてた複業に対するイメージが具体化され、自分のやりたいことをボランティアでやるのも「ありだよね」に変わった瞬間だった。

そこからは早かった。あの本屋さんに携わりたい。何でもやろうと、思い切って「仕事がしたいんです。アルバイトを募集していませんか？　なければ、ボランティアでもいいんです」と問い合わせたところ、「土日に人が足りないのでお願いします」という返事がきたのだ（これは偶然だろうか？　いや、必然だ！）。土日に仕事をして平日も仕事だときついので、派遣社員となり、立ち上げ拡大中のＩＴ会社の経理を週に３〜４日手伝う仕事に就いた。

現在の人的資本は、会計スキルの資本の上に、本屋さんでの仕入れ業務や好きな書籍を読んで本を紹介するメルマガの作成などが加わった。まさに、彼女の言葉でいうところの

図5-6：澤田さんの３つの資本・資産 ビフォーアフター

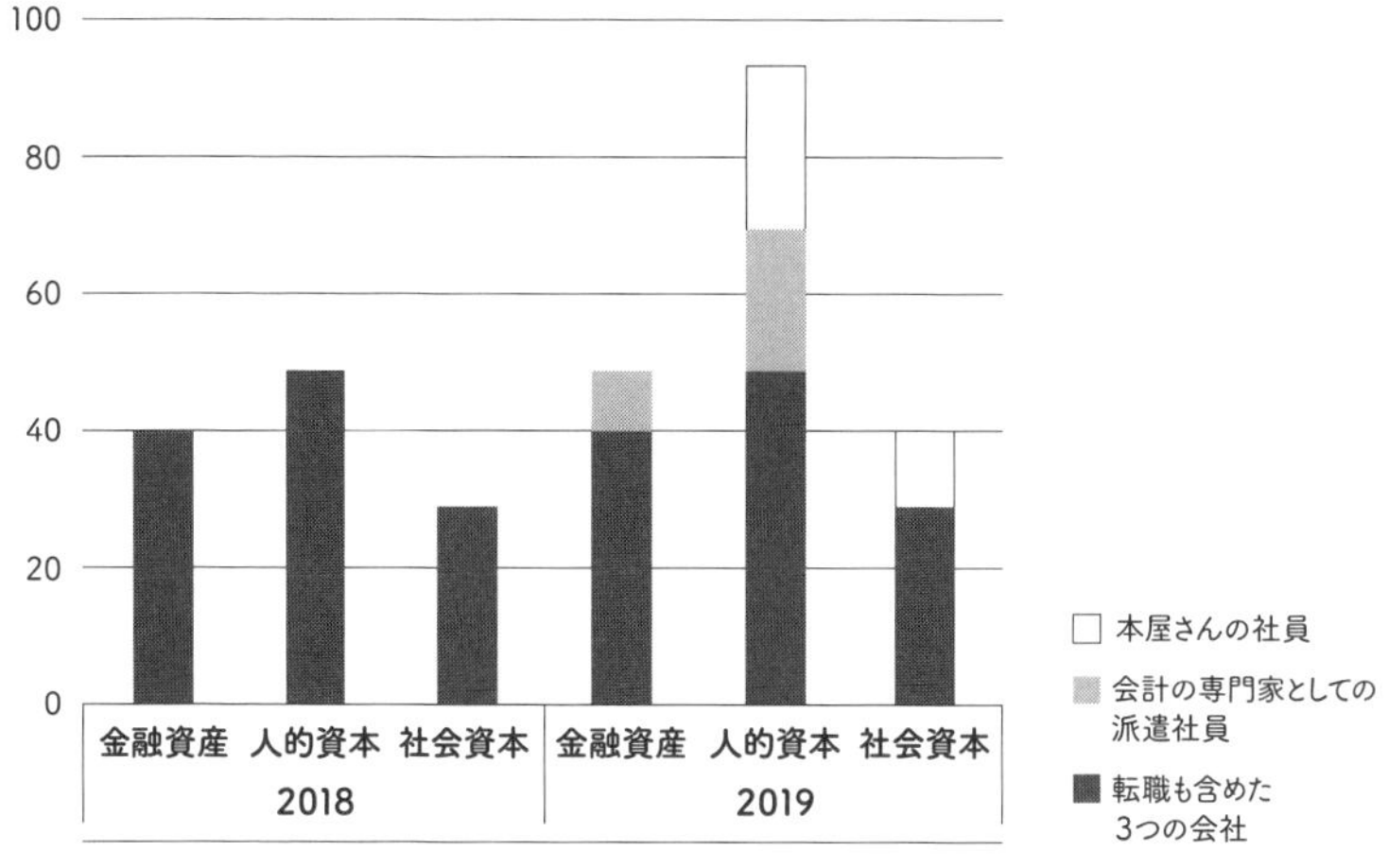

「魂がよろこぶ」瞬間だ。やりたいことがやれている実感。幸せ。本に救われたからそれを伝えたい、この貢献感もあると感じた。

さて、「本によって魂がよろこぶ」という資本はどこに入るのだろうか？　彼女は本は友達という解釈で社会資本に入れていた。それも正しいかもしれない。しかし、龍太の解釈だと人的資本だ。人的資本は「労働者が有する生産に有用な能力」だ。その生産に必要な能力の1つとして「活力」と解釈すれば、本屋で働いていることだけで「人的資本」になりえる。人にはそれぞれ活力を充電する場所がある。会社に行って「活力が得た、活力を失った」というのも、このグラフに表現してもよいだろう。

◇◇◇◇◇◇◇

パラレルワークから本業中心の働き方へ！

――東京都在住　森垣卓也さん（36歳）

森垣卓也さんは2016年1月の仕事旅行社のミニ講座の参加者だ。この講座は、龍太にとって初めてのミニ講座だったと記憶している。どんな人が来るんだろう？　満足して帰ってもらえるのか？　など、そうとう緊張していたことを思い出す。

〈パラレルワークの実践者でも疑問はある〉

森垣さんは、当時、すでに複業を始めていた珍しい方だった。本業の正社員としての仕事は、広告代理店のプランナー。その他に、個人事業主としてのイベント運営、人が集まる場でのファシリテーションなど、いろいろだ。正社員としての仕事は、時間で縛られておらずアウトプットが出ていれば良いという働き方。広告代理店と複業の時間占有割合を聞くと「７：３」。ちなみに脳みその占有割合も聞いてみたが、それも「７：３」という回答だった。

龍太の場合、時と場合によるが、時間と脳みその占有割合が違うことがよくある。自分の得手なことは脳内ＣＰＵをあまり使わずして、短い時間でアウトプットが出るが、不得手なことは、やはり時間がかかる。なので、時間と脳内ＣＰＵの割合が一緒というのは、面白い。

すでに先進的な働き方をしていた森垣さん。なぜ、龍太のミニ講座を受けにきたのだろうか。聞いてみると、自分のような働き方をしている人が「周りにいない問題」があったとのこと。他の人はどんな働き方をしているのか、複業家として働いている龍太のことを知りたかったという。参加したあとは、自分のような働き方をしていいんだと肯定をした自分がいたそうだ。

また、仕事の上で、ミニ講座で話していたメリットやデメリットなど意識するようになったと聞いて、龍太は嬉しく思った。

〈想像する未来に違和感を。フリーランスに踏み切る〉

森垣さんは大学で経営学部を学び、2006年に卒業後、大手の広告代理店に入社した。広告代理店を選んだのは、もともとテレビっ子で映画好きで、かつ、いろんなことを経験できそうな感じがしたから。確かに、製造業よりも広告代理店のほうが、案件ごとにバラエティーに富み、様々な人たちとプロジェクトを進めるイメージがある。森垣さん自身、ずーっと同じことをやることが想像できない人だった。最初に入った大手広告会社では、基本的なビジネスマナー、広告業全般のことを身につけた。そして、着々とプランナーとしての企画力も人的資本として育まれていくことになる。また、入社して数年の社会資本は、広告代理店の仕事で関わる社員などに限定されていた。

森垣さんは仕事をしていく中で、いつも決まった人たちとの関係性を維持している先輩社員を見ながら、「自分もこうなるんだろうな」と想像する未来に、違和感を感じるようになっていったそうだ。そこで、視野を広げるためにビジネススクールに通い、また、新しい働き方の祭典〝Tokyo Work Design Week〟にも興味を持ち、そこでのボランティアも始めた。会社員で稼いだお金を貯金して金融資産ができた2014年、30歳の年に、森垣さんは、フリーランスの経験をするために、思い切って会社を辞めることに踏み切る。

そのフリーランスの仕事は、社会資本として得た人脈の1つを御縁としたものだった。大手広告代理店で出会った先輩社員が起業し、森垣さんは今まで培ってきたプランナーという人的資本を元手に、先輩の会社から仕事を受託していた。しかし、いざフリーランスを始めてみると、会社時代と比べて人と接する回数がすごく減って、少し物足りなさを感じた。それが原因なのかわからないが、フリーランスとして活躍していた期間は約3ヶ月と短い。すぐに先輩の会社に正社員として就職することになる。そこでの働き方が、パラレルワークだった。

フリーランスからの複業正社員は、とても自然な流れだ。正社員になってからは、強制的に人と会うことを意識して、新たに、プランナーとしての「プロの応用スキル」という人的資本を手に入れた。

〈3つの資本・資産　ビフォーアフター〉

さて、ミニ講座の受講後、森垣さんの3つの資本・資産はどう変わってきたのだろうか（図

図5-7：森垣さんの3つの資本・資産 ビフォーアフター

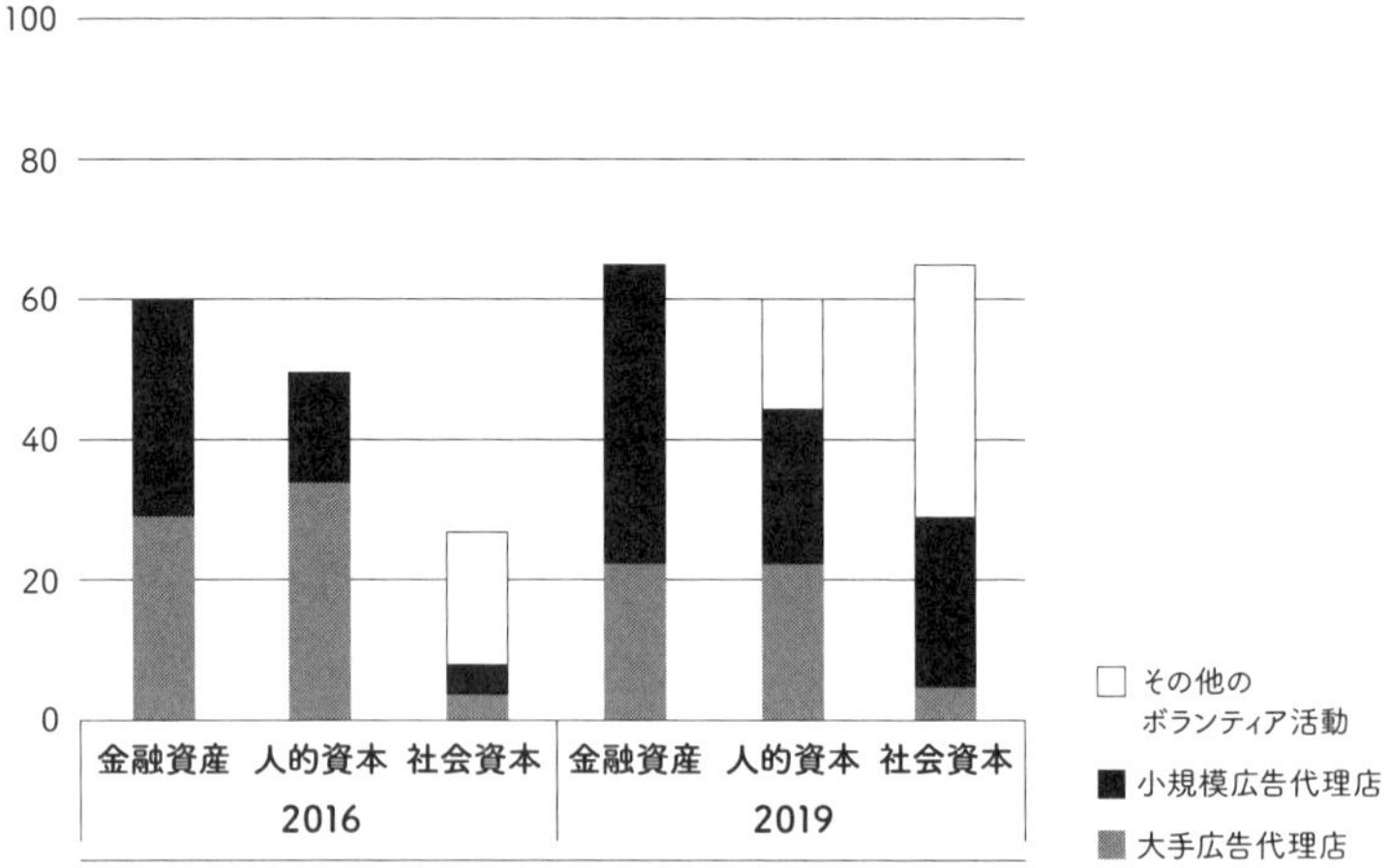

5-7）。実は最近では、複業の仕事は以前より減らすように意識しているという。それは、なぜか？　正社員として所属している会社がここ1〜2年で社員の採用を拡大するようになったからだ。

森垣さんは、すでにこの会社ではベテラン。組織づくりの役割も担い、現在、採用した社員のオンボーディング（OJT等のケア）や個別の相談にも乗っているという。その環境の変化から、今はこのポジションで、チームを作っていく経験を積むことを重視して、2018年からガツッと本業中心に切り替えたそうだ。戦略的な働き方の選択だ。パラレルを選べる環境を残して、パラレルからシリアルへの転換。時に、複業、時に専業。これも複業のメリットだ。

一方、仕事とは別に、昔から携わっている〝Tokyo Work Design Week〟のボランティアは続けており、広告業以外の人的資本を育んでいる。森垣さんの「面白い」という解釈で定義される「たくらみ」という言葉に共感する人とのつながりが、着実に広がっている。これも龍太から見れば複業だ。

森垣さんの特徴は、人的資本が貯まり、その人的資本で信頼が育まれて、時間差で社会資本が生まれるという一般的なパターンではなく、社会資本をベースに人的資本を育んでいくスタイルにある。その結果として、金融資産という貯金も増加した。とてもバランスが取れた3つの資本・資産。森垣さんの人としての魅力がそうさせているのかもしれない。

付録

複業に必要な「基礎知識」

最後に龍太自身がたどってきた複業経験を元にしながら、複業への第一歩を踏み出す際に必要な基本知識をまとめた。ぜひ参考にして欲しい。

雇用制度の知識／開業の知識／会計の知識

業務委託契約書の知識／信頼関係構築の知識

時間デザインの知識／情報マネジメントの知識

◇◇◇◇◇◇◇

雇用制度の知識

龍太の複業の始まりは、2013年10月。当時は、複業ではなく、副業だった。なぜなら、マイクロソフトからサイボウズに転職をする時に、サイボウズの給料がマイクロソフトの半分に……。それを補うための収入のための副業だったからだ。副業先は、マイクロソフトの時に営業先であったダンクソフトというIT企業の会社。週に4日、サイボウズで働き、週に1日、ダンクソフトで働く。サイボウズは期間を特に限定しない、いわゆる正社員契約。ダンクソフトは期間を限定した業務委託契約だ。この雇用形態が、会社の管理上も、個人の収入においても実はメリットだ。

2つの企業と雇用契約の社員の場合、「労働時間に関わる「1日8時間、週40時間」の原則は、事業主が異なる場合にも通算して適用する」ことが労働基準法上のルールになっている。つまり、複業している社員の両方の複業先企業が、それぞれ、別の企業の労働時間も管理する必要が出てくる。複業企業で働いた勤務時間の合算で「1日8時間、週40時間」の原則を超える労働については時間外労働となり、割増賃金支払の対象になる。

この制度は、健康管理上の仕組みとはいえ、それぞれの企業にとって面倒な作業だ。ちなみに、超えた時間外労働分の賃金は、あとから労働契約を結んだ企業事業主に割増賃金の支払い義務がある。複業先がアルバイトの契約であっても雇用される契約なので同じだ。

一方で、例えば二社で複業する場合、片方が、期間を限定した雇用もされない業務委託契約であれば、契約内容以外の管理の義務は発生しない。もう一社の相手の企業においても、雇用された自分の会社の時間管理だけをしておけばいいので、管理が楽になる。それが企業側のメリットだ。かわりに、業務委託の仕事上の事故や健康についての責任は個人が負う必要がある。

個人において、業務委託契約を選択することのメリットは、開業届を出し、個人事業主の経営者として事業の裁量があるところだ。簡単にいうと、事業を会計という仕組みによって見える化し、税法上の優遇措置である「青色申告の特典」を利用できる点だ。

例えば、複業を行う場所を自分の部屋としよう。それは、まさしく自営業としてのオフィスだ。その場所が賃貸住宅ならば、その部屋の面積分、利用時間分を経費に算入できる。開業届を出して青色申告をしなければ、単に家庭の費用として出費（コスト）していくだけだ。個人事業主になると経営者として国が定める税金のルールによって、コストを控除できる機会が生じるというわけだ。会社員の立場だと、会社が給与所得控除を自動的にしてくれるので、こういった視点を学べない。業務委託契約によって申告の選択できることや、また、経営や税金のスキルを学べるという点もメリットだ。結果として、龍太の場合、当初の専業で働いていたマイクロソフトの給与と現在の複数の会社の総額の「支給額ベース」での金額を比べると40％ほど減額になっているが、「手元に残る手取り収入ベース」で比べると減額は、30％ほどだ。

◇◇◇◇◇◇◇◇

開業の知識

税金と労働に関しての社会制度のことを理解して、龍太は2つの契約形態を選んだ。複業開始当時、サイボウズとは正社員の雇用契約、ダンクソフトとは個人事業主としての契約を選ぶ。龍太にとって個人事業主は初めての体験だった。

開業するにあたってまずは、開業届を税務署に届ける必要がある。費用は無料だ。「個人事業の開業・廃業等届出書」と「所得税の青色申告承認申請書」を返信用封筒を同封して税務署に郵送。「個人事業の開業・廃業等届出書」には、納税地として自宅の住所や氏名、生年月日を記載する。龍太の場合、当時の業務委託の仕事を踏まえ、職業は「営業支援事業」、事業概要は「情報産業分野の営業における案件発支援」として提出した。

「所得税の青色申告承認申請書」には、所得の種類の選択肢から、事業所得を選択。青色申告のため簿記の方法として複式簿記を選んだ。また、備付帳簿名として選んだのが、現金出納帳、総勘定元帳、振替伝票だ。これらは、通常の会計ソフトについている帳簿だ。平成25年10月15日に出したら、10月16日には、成田税務署の印鑑が押印したものがすぐに返送されてきた。あっという間の開業だった。

会計の知識

個人事業主に必要な会計の知識は、会計ソフトだと言っても過言ではない。従来であれば、家電量販店などの電気屋さんで会計ソフトを選び、パソコンにインストールして利用するのが当たり前だったが、マイクロソフトやサイボウズでクラウドサービスを立ち上げ、推進してきた龍太には、インターネット上にあるクラウドサービスの選択肢しかなかった。当時の会計ソフトベンダーの中で気になったクラウド会計ソフトの企業は2つあった。「マネーフォワード」と「freee（フリー）」だ。龍太は、周囲が使っていたという理由でfreeeを選んだ。

クラウド会計の良さは、会計データがインターネット上の貸金庫にあるので、パソコンの機種にとらわれることなく、インターネットがつながれば、パソコンやスマホでも使える点だ。また、入出金のデータを一から入力しなくてよいことも挙げられる。クラウド会計に銀行口座とクレジットカードを登録しておけば、自動的に入出金が登録される。これは、時間の短縮になり便利だ。

当時、このために事業用の銀行口座を申し込んだ。クレジットカードは、ポイントもあるので、今までのものを利用。それらの口座情報をfreeeに設定したあとは、1ヶ月に一度、freeeから提案される勘定科目を確認し、正しければOKボタンを押すだけだ。龍太の場合、領収書などをファイルに整理することも含めても、1ヶ月に1~2時間ほどで会計作業は完了だ!

業務委託契約書の知識

開業届の提出や会計ソフトの決定は、実際に複業が始まってからでも遅くはない。しかし、業務委託契約書の取り交わしは複業開始前に行っておくほうがよい。龍太は、サイボウズとの契約は正規雇用社員なので、手続きはほとんど考えなくてもサイボウズ側がしてくれた。まさに、転職をする時と一緒。しかし、業務委託先とは、正規雇用社員と違い労使の関係(その業務を規定するための契約)は何も規定されていないので、業務委託契約書を結ぶ必要がある。

龍太は、契約書として、基本事項が書かれた「契約書」と別紙の「業務仕様書」に分けた。業務仕様書を別紙にした理由は、業務の対象になる事業の記述とそれを達成するための業務仕様を分けることで、事業の目的を達成するために、業務仕様が変更されても、柔軟に変更しやすい契約形態にしたかったからだ。

契約書には、①委託する業務対象の事業、②契約の期間、③契約の解除規定、④実際に支払われる報酬等、⑤支払われる報酬の支払方法やタイミングなどの基本事項を記載する。龍太の事業対象は事業開発で、業務はその支援だったため、基本事項としての業務は、「甲は、乙に甲の○○事業開発支援に関する業務（以下「本件業務」という。）を業務仕様書の合意目標を達成する範囲で委託し、乙はこれを受託し、本件業務の目的を理解して誠実に業務を遂行する」とした。

業務仕様書には、当時の事業開発支援を行うための具体的な業務仕様として、営業支援の内容を記載した。「○○製品を利用して年間○万円以上の商談発掘を目指す」という記載にしたことを思い出す。龍太の場合、1回ほどのやりとりで先方とのすり合わせが終わり、業務委託契約書は締結された。

もし、契約書の書面で、これは気になる、不利だなと思うことがあればどうすればよいだろうか？　まずは、複業先と対話することをお勧めする。一般的には行政書士などの専門家に確認する手段もあるのだが、複業の場合にはお勧めしない。コストがかかるし、場合によっては、複業先との信頼関係もこじれるからだ。複業においては、複業先との関係性を一番重視すべきだ。なぜ、相手がそういう契約にしているのか、また、なぜ自分でそういう契約をしたくないと思っているのか、お互い背景を確認し合おう。もしかしたら、何も考えず、その文言が入っている可能性もある。

話合いをしてもモヤモヤが解消せず、納得もせずに契約する複業先であれば、専業があるからこそ、その複業の契約は諦めるという選択もありだ。

◇◇◇◇◇◇◇◇

信頼関係構築の知識

複業を実践していくには、自分の周囲との関係者との「信頼」の構築が大切になってくる。まず、専業における信頼とはなんだろうか。会社がして欲しいこと、部門でして欲しいことが自分に「役割」として分担され、そのタスクをやり遂げることだ。成果をあげていれば、周囲との信用が高まり信頼が育まれる。

では、複業ではどうだろうか。複業先の2つの会社から、やって欲しい役割が生じる。お互いの会社のバランスが取れていれば良いが、急な予定が起きることは日常茶飯事だ。

例えば、龍太がサイボウズの上司から「今日、残業してくれない？」と予定外の仕事を頼まれた時に、その残業時間には、複業先のNKアグリでの先約があるような場合だ。サイボウズの上司に「今日はNKアグリで仕事があるので……」と、断った場合、上司にどんな反応をさせるのかがポイントだ。

「サイボウズよりもNKアグリの仕事のほうが大切なのか！」と、怒り出す上司になるのか、それとも「NKアグリの仕事も大切だよね、次回頼むよ！」と理解を示してくれる上司になるのか。この違いは大きい。

また、こういった信頼関係は上司との関係だけにとどまらない。同僚との関係にも言える。もしかしたら、「龍太だけ、複業しやがって緊急の残業はいつも俺！」という会話が、職場に存在するかもしれない。

どうしたら良い信頼関係が築けるのか。その回答は「公明正大」だ。龍太はこれをサイボウズで学んだ。周囲と良い信頼関係を構築するために重要なのは、複業をできるだけオープンにすることだ。まずは、上司や一緒に仕事をしている仲間に対してオープンにする！その時に、なぜ、複業をするのか、理由を説明できることが信頼への第一歩だ。その会話を発端に、職場の関係者と対話をしながら、複数の会社との距離感を調整していく。面倒で時間もかかるかもしれないが、このプロセスこそが、信頼を醸し出す。

信頼関係構築は、複業に限らず、会社のタスクと家庭でのタスクの調整においても同じだ。もう少し詳しく説明すると、想定されないトラブルが起きて会社のリカバリータスクを依頼されるとする。また同時に、子どもが突然、体調を崩すというタスクが起きたとする。会社では部署のメンバーと、家庭においては夫や家族と調整をしている場面を想定してほしい。その一つひとつの出来事で、常に丁寧な対話の積み重ねをし、その場その場で優先順位の選択をすることが求められる。

龍太自身の人体実験からも、複業においても同じことが言える。今まで、社内を前提に述べていたが、社外での振る舞いも同様だ。龍太はfacebookや自分のホームページを用いて、複業先や業務内容をオープンにしている。これにより、周囲から「龍太さんは、サイボウズとNKアグリに所属しているから、農業でkintone（キントーン）をお勧めするのね」と納得され、安心と信頼を得られる経験をしている。

しかし、オープンにするとその会社にいられないくらい風当たりが強い場合もあるだろう。その時はどうすればいいのか？　その場合は、残念ながら複業はお勧めできない。今まで書いた会社全体が公明正大を前提とした対話の環境にないケースが多いからだ。

それでもあなたは複業したいって？　であるのであれば、「複業の信頼」とは、その人の「スキル」というよりは、「覚悟」かもしれない。なぜなら、複業の機会を得ようが、得まいが、信頼は人によって差がある「スキル」によって得られるものではなく、誰もが持っている自分の「覚悟」に基づいて、行動するか行動しないかで、得られるものなのだから。

時間デザインの知識

ここからは、複業を実践してみてのノウハウを提供したい。まずは、時間の使い方だ、世界中のどんな人にも、平等に分け与えられているもの。それは、1年365日×24時間の時間だ。龍太は、時間をどのように複業でうまく使っているのか。

龍太の時間の使い方を紹介すると、月曜日はNKアグリで、リコピン人参「こいくれない」の栽培における試験圃場の圃場長だ。火曜日から金曜日はサイボウズで、チームワークあふれる社会にするために、情報格差のない自律分散型の社会モデルを創る社会実験をする社長室長を任されている。また、スポットで仕事をいただく、講演やコンサルティング、ムービー撮影は、土日や平日の夕刻に割り込ませているものもある（図A）。

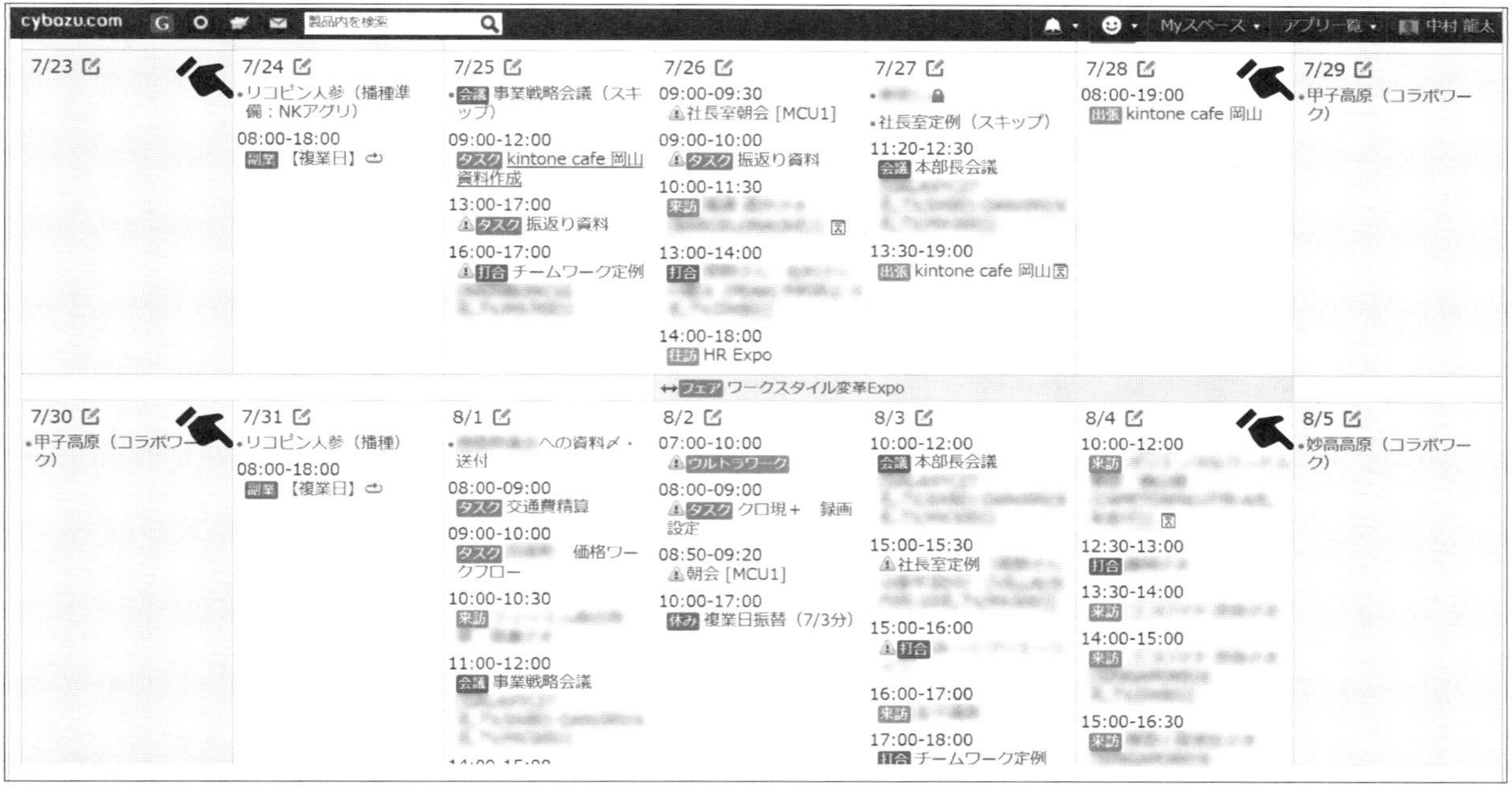

図A：1週間のスケジュール

仕事の予定をどのように組み立てるか

どんなタイプの仕事をどこに予定するのか。何か関係がありそうだ。お勧めしたいムック本『フリーランス＆〝複〟業で働く！ 完全ガイド』（2018年、日本経済新聞出版社）にうまく整理されているので、そちらをベースに解説する。

仕事のタイプにはミッション型、プロジェクト型、タスク型の3つがある。一方、時間の予定を立てるタイプにも、垂直型パラレルキャリア、水平型パラレルキャリア、スポット型パラレルキャリアの3つがあるそうだ。ちなみに、垂直・水平は、縦横のマトリックスで、横軸に日曜日から土曜日を並べ、縦軸に0時～24時をとる手帳の予定表をイメージするとわかりやすい。垂直型では、曜日を決めて、時間は終日仕事にあてて縦に予定の塊が見えるのに対して、水平型は、時間を決めて、曜日は毎日仕事にあてて横に予定の塊が見える。

ミッション型

さて、話を元に戻し、仕事のタイプと時間予定のタイプについて自分の人体実験の学びを共有しよう。まず1つ目、ミッション型は、企業のミッション、ビジョンを大切にする仕事、そこに共感して仕事をするケース。龍太で言えばサイボウズの仕事だ。このタイプの複業は、正社員として働くケースが多い。なぜなら、ミッション、ビジョンを達成するには、ある程度の長い時間や大きな投資が必要だからだ。その結果として、時間の予定の立て方は、週に5日、4日といった「垂直型パラレルキャリア」になるケースが多い。

プロジェクト型

次にプロジェクト型。これは、プロジェクトという言葉からわかるように、期間がある仕事だ。このタイプは、期間を決めた業務委託として働くケースが多い。龍太のケースでは、NKアグリがそうだ。栽培するための労働力、土地、その栽培のスキルを提供する。戦いのときに必要とされる傭兵のようだ。時間の予定の立て方は、そのプロジェクトに関わる人たちでチームとして効率的に仕事をするニーズが高いので、毎日、何時から何時までは定例ミーティングというように、時間で予定された「水平型パラレルキャリア」をスケジューリングすることが多い（ただし、龍太はNKアグリではこの形ではない）。

タスク型

最後に、タスク型。このタイプは、ある部分だけ切り出されたスポット的な仕事だ。例えば、ロゴマークのデザイン、文字起こしなど、クラウドソーシングやスポットコンサルで働く複業だ。龍太の場合、ビザスク（https://visasq.co.jp/）で、新規開発に伴う1時間のスポット的なコンサルでレクチャーをする仕事や、日曜日の午後だけムービー撮影という複業が該当する。タスク型の複業はそれほど難しくはない。なぜなら、期待される仕事はわかりやく定義されているため、自分ができるかできないかのスキルで確認しやすい。

しかし、時間の割り当ては、「スポット型パラレルキャリア」なので、予定がぎっしりの複業者は、スポットで入ってくる時間のマネジメントをしにくいのが欠点だ。初心者は余裕を持ちたい。複業の「仕事のタイプ」と「時間の使い方」について知識を得ておくと、時間をデザインできるようになる。最初は難しいかもしれないが、時間デザインができると、複数の複業の計画性が増し、信頼も育まれ、安心した複業ができることは、すでに龍太が経験済みだ。

情報マネジメントの知識

複業には、それらの仕事が「引き裂かれる複業」と「引き裂かれない複業」がある。引き裂かれる複業とは、A会社の仕事とB会社の仕事が全く異なるタイプの仕事で、かつ時間や場所も別々のタイプ。例えば、保険営業の仕事を平日に行い、ラーメン屋さんの仕事を土日に行うようなもの。保険の営業とラーメンを作る仕事は重ならないし、時間も平日と土日で、もちろん場所も違う。

引き裂かれる複業の良い点は、仕事の切り替えができる点だ。業種、場所、時間がスパッと切れているので、次の仕事に時間的に集中できるだろう。また、龍太の経験では、仕事で得た情報を別の会社で使うことを自分自身であまり気にすることはない。したがって、会社から見れば、会社のリソースを使う機会がなく、情報漏えいなどで毀損されるリスクは少ないので、この複業は容認されるケースが多い。一方、都合が悪い点は、スパッと業務内容が切れているがゆえに、時間をたくさん費やしてしまうこと。保険の営業とラーメンの仕事で言えば、一週間、働きっぱなしになる。そこで、紹介したいのが「引き裂かれない複業」。1つの成果を2つの会社の成果にする複業だ。

ただし、引き裂かれない複業で、気をつけないといけないことがある。それは、情報のマネジメントだ。お互いの会社で得た情報をうまくマネジメントすることで、「引き裂かれない複業」を実現できる。また、それぞれの会社で、丁寧に対話しながら、情報の扱いについて確認することも必要になる。情報のマネジメントの大切さについて、龍太の経験から説明したい。

引き裂かれない複業をどう実現しているか

龍太は、和歌山にあるＮＫアグリのリコピン人参「こいくれない」を千葉で栽培する社員として働いている。NKアグリの社長から2015年1月30日に、「各地域の温度を把握すれば収穫予測ができ、出荷先に早く納入時期と量を連絡できる。何か良い方法がないか?」と相談された。その年の栽培から導入したいとのこと。急ぐ必要があった。

とっさに思いついたのは、もう1つの複業先であるサイボウズのクラウドサービスkintoneを使うことだ。さっそくシステムを検討し、3月にはサイボウズの社員としてプロトタイプを完成。6月には、畑にセンサーを置き、IoT(Internet of Things:あらゆるもののインターネット化)で収穫予測ができる仕組みを実際に動かして栽培した。

千葉のリコピン人参「こいくれない」の種まきは8月だ。そこから約3〜4ヶ月後の11月〜12月に収穫ができる品種だ。kintoneを使ったIoTで収穫予測された日は2015年11月15日ごろだった。これが複業者にとって好都合。なぜなら、事前にいつ休むかをサイボウズに共有できるからだ。結果、サイボウズの全社員に公開されているグループウェアに11月17日に予定を入れ、その収穫を優先する告知をしておいた! おかげで、予定通りこの日程で収穫作業を実施。リコピン人参「こいくれない」の特徴であるリコピンが最大化した状態で人参を収穫できた。人参新規就農者であるにも関わらず、IoTによって〝予定された〟ビギナーズラックを経験でき、満足だった。

この成果を、自分だけに閉じ込めておくのはもったいないと考えた龍太は、総務省の地域情報化大賞にエントリーすることを決めた。その結果、なんと「地域をつないで1つのバリューチェーン『リコピン人参プロジェクト』」というテーマで、地域情報化大賞2015にて、「地域サービス創生部門」部門賞を受賞できた。感動的だ！　さらに、サイボウズのkintoneが農業に利用できることが広まり、サイボウズの農業分野に対してのブランドを作りあげ、売上に貢献もできた。

ＩｏＴを使った人参の栽培・収穫という実績は、ＮＫアグリでは、各地域のリコピン人参の収穫時期を予測し、事前にスーパーなどの量販店に納入時期、納入量を連絡することで価格の安定を勝ち取るという成果をもたらした。また、サイボウズでは、総務省で評価され賞を取ることにより、広くＩＴ業界、農業業界に知れわたり、kintoneのブランド向上と売上に貢献することができた。これこそまさに「引き裂かれない複業」だ！

引き裂かれない複業の良い点は、引き裂かれる複業の反対で、時間を有効に利用できる点だ。とても効率が良い。反対に、懸念点は情報の取り扱いだ。農業×ＩｏＴのプロジェクトの例で説明しよう。龍太は、ＮＫアグリのプロジェクトで、システムを開発するために収穫時期を予測するロジックを知ることになる。この情報は秘密情報なのか、それとも違うのか、とてもセンシティブだ。

例えば、このプロジェクトをサイボウズの社員として講演することがある。講演を聞きにきた受講者には、こういった仕組みを使いたいために来ているわけで、人によっては、このロジックを知りたい人もいる。サイボウズの立場からしてみれば、よりkintoneを使ってもらうために、話をしたい思いもある。どこまで話をして良いか否か、一時期モヤモヤした。そのモヤモヤを解決するために、龍太はプレゼンする資料を事前にＮＫアグリの社長に共有することにした。資料を元に、綿密に、どこが秘密情報なのかを対話した。今、ＮＫアグリの試験圃場長をしているが、役割として、その畑の広報担当でもある。どこまで、その畑を広報して良いのか、これも、同じような対話をしたことを思い出す。

引き裂かれない複業で、気をつけないといけないことは、情報のマネジメントだ。丁寧にそれぞれの会社と対話、確認することの大切さを龍太の経験から言いたい。

引き裂かれない副業は誰でもできる

農業×ＩｏＴと聞いて「引き裂かれない複業には、特別なスキルがいるよね」と思っている読者もいるだろう。引き裂かれない複業は龍太だからできたのか？

いや、違う。先ほど例に挙げていた、保険の営業とラーメン屋という組み合わせでもできるのだ。発想を柔軟にすればよい。ある保険の営業マンが、今日も契約をもらいに行くために、ある家族に会いに行く。たとえば、無事に契約を締結した帰り際に「今日は、本当にありがとうございました。ところで、〇〇さん、ラーメンは好きですか？」などと世間話をしてみたところ、「もちろん、好きですよ！」と返ってきたならばしめたもの！「実は、土日はここでラーメン屋をやっているんですよ」とラーメン屋の名刺を渡せばいいのだ。

また、ラーメン屋に来たお客さんと雑談をしていて保険の話になったときに、「実は、保険の営業をやっているんですよ」と名刺を渡してもいい。

いかがだろうか。1つの行動が、2つの複業の成果のきっかけにつながる一瞬だ。特別なことではなく、工夫次第で誰でも実践できると思う。引き裂かれない複業は、思っているほど難しくはない。

おわりに

忘れもしない2019年7月19日。その日は、龍太のコラボワークスのウェブ制作に携わった人を招いての打上げ会だった。その場に、エディットブレイン代表の上野郁江さんがいた。ウェブの制作を依頼したデザイン事務所Cauzの芝哲也さん経由で紹介され、彼女がコンテンツの編集を担当してくれていたのだ。その打ち上げの席で、龍太がポロッと「最近、出版の声をかけられることが多いんですよ。でもね、企画書の段階で終わることが多いんです」と、世間話のつもりで口にしたら、上野さんから間髪を入れず、「じゃあ、エッセンシャル出版社で出しませんか」とお誘いを頂いたのだ。

聞けば、上野さんは、経営陣が刷新したタイミングでエッセンシャル出版社の事業の立上げを支援しており、編集長も拝命しているという。「ぜひ、ぜひ」と返事したものの、また、企画書止まりになってしまうんだろうな……と、期待値をほどほどにする自分がいた。なぜなら、自分の「がっかり」

をみたくなかったから。

しかし、5日後の2019年7月24日。メッセンジャーで連絡がきて、なんと、企画書がまだないのに刊行が決定したという！　そんなことがあるのかと、目と耳を疑った自分がいた。それからは、トントンと話が進んでいく。上野さんから一時間強ほどインタビューを受けているあいだに、みるみる企画書がまとまった。その企画書の内容は、編集会議で揉まれ、「龍太さんのめざす『生態系』を表現した、複業本にしたいと思っています」というフィードバックを頂いた。

あまりにトントン拍子に進むので、どんな風に書けばよいのか、本当に龍太は書けるのか、不安になりながらも、自分自身がいつも思い描いている「生態系」を信じて、執筆に取りかかったことを思い出す。

「生態系」とは、生物が（その地域）で集団として生き、ヒトを含む生物や環境と関係し合っている在り方を捉えた、全体系という意味だ。

ふと、今、この「おわりに」を書いている自分の部屋の窓から見える光景を目にした。春を間近に迎え、2月にしては珍しいあたたかさに包まれた雨模様の風景を見ながら、その映像を身体に映し出す。一番手前に映ったのは、アルミ製のベランダの手すり。その上にゆっくり、タカン……、タカン……、と音を出して雨粒があたる。その先に見える、雨に濡れて耕された焦げ茶色の畑と、早々に新芽を出し始めている休耕地。まるで、計算されているBGM付きのパッチワークキルトのようだ。龍太も含むすべてのものが、役割分担をしながら生きている生態系のチームのようだった。

週に4日、出勤で出向く都会の景色、東京日本橋。サイボウズの27階から一望すると、一面、鼠色の世界と首都高速道路で覆われた日本橋川が見える。その上を、数珠の玉のような車がノロノロと動く。近隣には近代日本の発展を支えてきた大手企業のビルが立ち並ぶ。商社、金融、製造業などの本社とともに、江戸時代から続く老舗の乾物屋、海苔屋、和紙屋などが共生する。老舗のお店は、時代を感じながら、変えないもの、変えるものを選択してきた。それらも、龍太を含むすべてのものが存在の意味を持ち「生態系」として、肯定すべきことだ。

この社会を作っているヒト。どんなヒトでも、この世に生きている限り、生態系に必要な要素であり、何かしらの役割を持っている。そういった〝自分〟を肯定するためには、もはや、1つの場所（仕事やコミュニティ）だけの自分を見ていてもわからない。

今、この本を読んでくれいてる読者の中には、直面している状況が、犠牲以外のなにものでない人もいるかもしれない。しかし、犠牲だけでは辛すぎる。龍太がどのように、そういった状況を回避してきたのか、それを伝えたいと思う自分がいた。

また、龍太がこの本を書きながら、自分の経験を整理していったことで、認知していったものがあった。書き終わって気づいたのは、それがまさしく「この本」そのものだったということだ。

「生物や環境と関係し合っている在り方」という生態系。それを認知するために、俯瞰して見ている別の龍太がいる。なぜ、辛いと思っているのか。なぜ、ワクワクしているのか。いくつかのフレームを使って俯瞰してみる経験が必要なのだ。生きているということは、何かの役割がある。自分を肯定し、生きていること、働いていることへの意味づけが、少しずつできるようになった龍太の「人体実験」を、複業という手段で、描いてみたのがこの本なのだ。

龍太がこの本で読者の皆さんに伝えたいことは、「いまの自分が生態系の1つであることを感じてほしい」、ということだ。今、いる場所の居心地が良ければ、それで良し！　居心地が悪ければ、少しだけ居心地が良い場所に身を置いてみてほしい。複業は誰もがする必要はない。したいなと思った時にすればいいものだ。

さて、この本の芯が浮き彫りになってきた1月末。その時点では、本の題名が決まっていなかった。上野さんから、1月28日にいくつかタイトル案を頂いたが、何かしっくりこない。1日考えてみたが良いアイデアが出てこない。ところが、1月29日の朝、奇跡は起きた。サイボウズの社長室の同僚である永岡恵美子さんにタイトル案を見せてみたところ、1分もしない雑談の中からタイトルが飛び出してきた。

それが『多様な自分を生きる働き方』だ。

永岡さんに感謝！　タイトルが腑に落ちた瞬間だった。

このタイトルには、龍太が実践する働き方そのもののメッセージが込められている。この本が、あなたの多様な自分を感じ、そして生態系に存在することを肯定し、犠牲が生じない範囲で、ワクワクしたり、努力したり、愛したり、お金儲けをしたりするなど、あなたらしい「多様な自分を生きる働き方」の役に立つと嬉しい。

２０２０年2月　中村龍太

【刊行の想い】
皆、多様な自分を生きている。
このことに気づくだけで、自分の認知が変わり、見えている世界が変わります。
多様な自分を認め、多様な自分で生きる働き方ができれば、社会は変わります。
多くの人が、自分を肯定し、多様な働き方ができる社会になることを願って。

by エッセンシャル出版社

中村龍太
（複業家／コラボワークス代表）

1964年広島県生まれ。日本大学卒業後、1986年に日本電気入社。1997年マイクロソフトに転職し、Office 365などいくつもの新規事業の立ち上げに従事。2013年、サイボウズとダンクソフトに同時に転職、複業を開始。さらに、2015 年には NKアグリの提携社員として就農。現在は、サイボウズ、NKアグリ、コラボワークスのポートフォリオワーカー。2016年「働き方改革に関する総理と現場との意見交換会」で副業の実態を説明した複業のエバンジェリストとして活躍中。

多様な自分を生きる働き方
COLLABOWORKS

2020年3月21日　初版発行

著　中村龍太
発行者　小林 真弓
発行所　株式会社エッセンシャル出版社
〒103-0001 東京都中央区日本橋小伝馬町7-10
ウインド小伝馬町Ⅱビル 6階
TEL：03(3527)3735　FAX：03(3527)3736
URL: https://www.essential-p.com/

装　丁　中山 詳子
編集制作　小林 真弓　上野 郁江　渡辺 享子
明石 肇　宮本 知香　小林 彩加
印刷・製本　シナノ印刷株式会社

ISBN978-4-909972-08-8 C0034